中电联电力发展研究院

TAIGUO DIANLI GONGCHENG
ZAOJIA GUANLI YANJIU

泰国电力工程造价管理研究

主　编　董士波
副主编　金戈鸣　王秀娜

中国电力出版社
CHINA ELECTRIC POWER PRESS

内 容 提 要

为了解和掌握国外典型工程造价管理方法及国际惯例，准确把握国际工程造价管理的发展方向和趋势，推动电力企业“走出去”，中电联电力发展研究院组织相关专家编写了《泰国电力工程造价管理研究》。

本书结合泰国电力工业的实践和发展情况，全面介绍了电力工程建设的投资环境、电力工业现状及工程建设市场、相关法律法规与标准体系、电力建设工程计价体系研究、典型工程计价案例分析、电力投资风险与应对策略等内容。

本书可供电力工程建设行业及政府部门、行业协会和企业的领导，以及业主、承包商、监理单位、设计单位和第三方咨询机构等相关专业人士使用，并可作为全国电力工程造价管理、工程管理及项目管理等专业博士、硕士研究生的参考图书。

图书在版编目（CIP）数据

泰国电力工程造价管理研究 / 董士波主编. —北京：中国电力出版社，2020.10
ISBN 978-7-5198-4938-2

Ⅰ. ①泰… Ⅱ. ①董… Ⅲ. ①电力工程–工程造价–研究–泰国 Ⅳ. ①F433.666

中国版本图书馆 CIP 数据核字（2020）第 169430 号

出版发行：中国电力出版社
地　　址：北京市东城区北京站西街 19 号（邮政编码 100005）
网　　址：http://www.cepp.sgcc.com.cn
责任编辑：张　瑶（010-63412503）
责任校对：黄　蓓　郝军燕
装帧设计：张俊霞
责任印制：石　雷

印　　刷：三河市百盛印装有限公司
版　　次：2020 年 10 月第一版
印　　次：2020 年 10 月北京第一次印刷
开　　本：787 毫米×1092 毫米　16 开本
印　　张：6.5
字　　数：92 千字
印　　数：0001—1500 册
定　　价：26.00 元

本 书 编 审 人 员

主　　编　董士波

副 主 编　金戈鸣　王秀娜

主　　审　杜　英　邢淑琴　王　勇　周志刚

　　　　　刘增训　高长征

参编人员　林秀浩　谭　毅　罗　涛　穆　松

　　　　　郭　傲

前言

改革开放以来，电力行业大力实施“走出去”国际发展战略，深化落实“一带一路”倡议，积极进行国际电力投资和工程项目承包，国际合作规模不断扩大。随着电力投资、服务、装备、技术、标准“走出去”持续升温，我国电力企业拓展海外业务步伐持续加大，以电力工程建设为引领，投资范围涵盖水电、火电、核电、风电、太阳能发电及输变电等领域，涉及电力规划、建设、运营等全产业链。在此过程中，积极研究项目所在国电力工程造价管理体系及标准等，提出投资风险应对策略，将为海外电力工程项目顺利实施提供保障，为持续推动电力企业国际化发展提供有力支撑。同时，也可助力我国电力企业更好地了解国外典型工程造价管理方法及国际惯例，准确把握国际工程造价管理的发展方向和趋势。

中泰关系长期稳定、世代友好。泰国作为“一带一路”经济走廊在东南亚地区的战略支点，已经成为中国企业海外投资和承揽工程项目的重要目的地之一。本书根据泰国电力工业的实践和发展进行编写，共分 6 章，主要内容涵盖了电力工程建设的投资环境分析、电力工业现状及工程建设市场、相关法律法规与标准体系、电力建设工程计价体系研究、典型工程计价案例分析、电力投资风险与应对策略等。

在本书编写过程中，查阅和检索了大量与泰国电力工程造价管理相关的信息和资料，从内容到形式都进行了反复的调查和研究，力求以严谨的态度、翔实的数据和真实的案例，介绍泰国电力工程造价管理及相关情况。

本书可供从事海外电力工程项目投资决策与工程造价管理的相关企业及人员参考和借鉴。希望本书能够成为中国企业了解海外电力市场和工程造价管理的窗口，同时期待业界同仁和广大读者多提宝贵意见和建议，为提升我国电力企业“走出去”的能力和水平发挥更大的作用。

中电联电力发展研究院编写组

2019 年 12 月于北京

目录

第一章　投资环境分析

伴随中国企业“走出去”步伐的加快，泰国已成为中国企业海外投资和承揽工程项目的重要目的地之一。泰王国（简称泰国）是位于东南亚的君主立宪制国家，拥有 700 多年的历史和文化背景，古称“暹罗”。纵观泰国的发展历史进程，公元 1238 年素可泰王朝正式建立，开始形成较为统一的国家。近年来，泰国政治局势总体保持平稳，政府将发展经济、改善民生作为其施政重点。泰国政府大力推进吸引外资和公共基础设施建设，不断推出新的经济政策和举措，泰国的发展规划及战略与中国推动的“一带一路”和国际产能合作战略具有高度的契合性。

本章主要介绍泰国的投资环境，较为详细地阐述了泰国的地理环境和社会文化环境，本章的整体章节结构如图 1－1 所示。

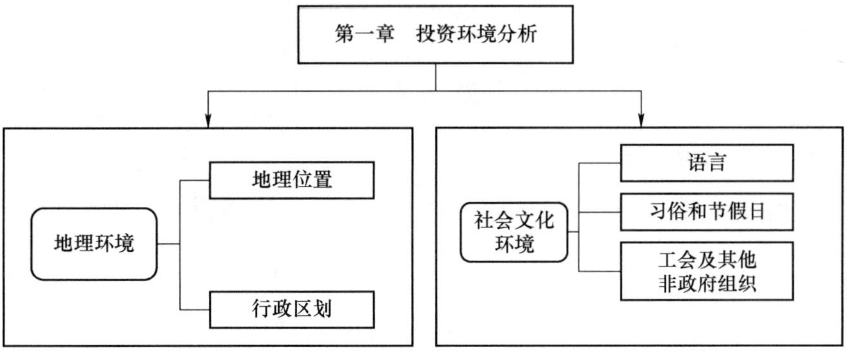

图 1－1　第一章结构

泰国是东南亚地区投资环境、享受政府优惠条件、创利水平均较好的国家，有众多来自日本、韩国、新加坡、中国台湾等国家和地区的投资商在泰国开展经营活动。为保持经济稳定增长，近年来泰国推出了多项改革措施。泰国的经济发展是一种混合式经济，其经济发展的主要推动力来自农业、工业、旅游业、服务业和自然资源。根据泰国国家统计办公室（National Statistical Office，NSO）和泰国国家经济和社会发展委员会（National Economic and Social Development Board，NESBD）公开发表的数据可知，2017 年泰国 GDP 达到 154 501 亿泰铢，经济增长率达到 3.9%。此外，泰国当地劳动力市场比较充裕，公民就业压力较大，政府把解决当地居民就业放在较突出的位置。为解决当地公民就业和国家发展等问题，泰国政府正积极推进并参与到外商投资项目中。

第一节 地 理 环 境

一、地理位置

泰国地处中南半岛中部，东南临太平洋泰国湾，西南濒临印度洋安达曼海。西部及西北部与缅甸交界，东北部与老挝毗邻，东连柬埔寨，南接马来西亚。

根据地理位置及经济发展需求，泰国政府将全国分北部、中部、南部、东部和东北部五个地区。

根据泰国国家统计办公室公开发布的《泰国统计年报（2019）》显示，泰国人口总数约为 6600 万人。

泰国首都曼谷是全国的政治经济文化中心。曼谷是泰国唯一的府级直辖市，曼谷市长由直选产生。各府府尹为公务员，由内政部任命。曼谷城始建于 1782 年，迄今已有 237 年的历史，是泰国最大城市，也是全国政治、经济、文化、交通中心。泰国的第二大城市清迈是泰国著名的历史文化古城，建于 1296 年，是泰国北部政治、经济、文化教育中心。

二、自然条件

泰国的自然资源储量丰富，主要有钾盐、锡、钨、锑、铅、铁、锌、铜、钼、镍、铬、铀等，还有重晶石、石油、天然气等。锡矿是泰国最重要的矿产，总储量约 150 万 t，占世界总储量的 12%，居世界首位。非金属矿产方面，钾盐储量约为 4367 万 t，居世界首位；岩盐储量 29 亿 t；碳酸钾储量有 2.4 亿 t，萤石储量约 1150 万 t。

泰国还有丰富的生物资源。在森林资源方面，全国森林面积 1440 万 hm^2，森林覆盖率达 25%。植物种类达 30 多万种，不少属珍贵林木。柚木是主要的名贵木材。热带常绿乔木有榕树、露兜树、樟树、金鸡纳树等，季风林木主要有柚木、铁树、沙尔树和芒果树，此外还生长各种藤及竹子。

泰国大部分地区属热带季风气候，全年明显分为热季（2～5 月中旬）、雨季（6～10 月中旬）和凉季（11～翌年 2 月）3 季。全年平均气温 27.7℃，最高气温可达 40℃以上。年平均降水量为 1100mm，平均湿度为 66%～82%。

第二节 社 会 文 化

一、语言

泰国国语是泰语，官方语言为泰语和英语。每个地区都有自己的方言，但以中部曼谷地区的方言为标准语。潮州话、海南话、粤语在泰籍华人中使用较为普遍，此外还有马来语和高棉语等。

二、习俗与节假日

泰国作为东南亚地区经济较为发达的国家之一，有其独特的风俗习惯和节假日。泰国是一个传统的君主立宪制国家，国王及皇室成员在泰国享有崇高地位，受到泰国人民的爱戴。泰国国民和外国人在泰国，不得在公开场合议论与皇室有关的话题，或发表有损皇室名誉的言论，否则即属重罪。

泰国人着装考究，衣服穿着前均要熨烫，正式场合和庄重的仪式，男士穿西装或民族服装，妇女穿过膝裙服，一般不着长裤。政府官员出席有王室成员出席或主持的活动时，需着白色文官服。泰国实行一夫一妻制，泰国女子在家庭中的地位与男子平等。

泰国人以大米为主食，菜肴以酸甜辣为特色，烹饪以煎烤炸为主要方式，常伴以生菜蘸辣酱佐餐。农村过去用手抓饭，现多用匙勺，城市居民多数会用筷子，但刀叉等西式餐具更为普遍。

泰国节日较多，除国际性节日如公历新年外，许多与宗教相关的节日及王室纪念日都是法定假日（见表 1－1）。泰国采用佛历纪年（以释迦牟尼涅槃之年为元年，公历加上 543 即为佛历年份）。泰国政府机关普遍实行每周 5 天工作制，周六、日公休；部分企业周六上午工作半天。

表 1－1　　　　泰国政府公布的 2019 年法定假日

泰国法定假日	中文名	备　注
1 月 1 日	元旦	新年
2 月	万佛节	泰历 3 月 15 日
4 月 6 日	却克里王朝纪念日	纪念却克里王朝的奠定
4 月 13～16 日	宋干节/泼水节	泰国传统的佛历新年
5 月	卫塞节（佛诞节）	泰历 6 月 15 日，纪念佛祖释迦牟尼出生、成道和出灭
5 月	春耕节	皇室主持耕种仪式，祈求风调雨顺，五谷丰登
5 月 6 日	加冕纪念日	哇集拉隆功国王（拉玛十世王）加冕纪念日
6 月 3 日	王后诞辰	素缇达王后（拉玛十世王后）生日
7 月	三宝佛节	泰历 8 月 15 日，纪念佛祖成道后向信徒讲说之日
7 月	入夏节	泰历 8 月 16 日，是为期 3 个月的佛教斋戒节首日
7 月 28 日	国王诞辰	哇集拉隆功国王（拉玛十世王）生日
8 月 12 日	母亲节	诗丽吉王太后（拉玛九世王后）生日

续表

泰国法定假日	中文名	备　注
10月	出夏节	泰历11月16日
10月13～14日	九世王纪念日	普密蓬国王（拉玛九世王）逝世纪念日
10月23日	五世王纪念日	朱拉隆功国王（拉玛五世王）逝世纪念日
12月5日	父亲节、国庆节	普密蓬国王（拉玛九世王）生日
12月10日	宪法纪念日	纪念1932年立宪

三、工会及其他非政府组织机构

泰国是有工会运动传统的国家。其工会力量强大，工会组织遍布全国，对国家政治、经济和社会运行均有一定影响力。工会组织对争取泰国工人权利和社会福利起到了极大的促进作用，如自1991年起实行的90天产假权利和1993年起施行的《职业安全与卫生法》都是由工会争取的。但在1997年金融危机后，迫于社会和经济现状，工会的地位和话语权有所减弱。

目前，泰国共有9个全国性工会组织，总部多设在曼谷或北榄府。泰国工人大会、泰国国家工人代表大会和泰国行业工会3家工会为国际劳工组织成员。此外，泰国还拥有数量较多的、组织相对松散的工人协调机构或行业协会，在工人运动中也发挥了比较重要的作用。

第二章 电力工业现状及工程建设市场

泰国是传统化石燃料相对匮乏的国家，经济发展高度依赖能源的进口。由于泰国所处的特殊优越地理位置及自身良好的经济基础和发展前景，已成为能源需求尤其是电力需求最为活跃的国家。1964 年，泰国建成其历史上首座也是当时规模最大的混凝土拱坝水电站——普密蓬水电站。1971 年，泰国发电装机容量达 1169MW，较 1961 年的 269.88MW 增长 3.3 倍，其中水电占 38%，仅次于热电（44%），居第二位。目前，泰国自身发电能力基本满足国内需求，但伴随经济发展，电力供需矛盾日益突出。泰国正与老挝、缅甸等周边国家积极开展合作，以满足本国日益上涨的电力需求。

本章将主要概述泰国的能源资源禀赋、电力工业发展现状以及工程建设市场的基本情况。具体来看：一是从原油与天然气、水力、太阳能、风能、生物质能以及沼气 6 个方面简要介绍泰国能源资源禀赋情况；二是泰国电力工业发展现状，涉及泰国电力系统概况和电力体制改革情况；三是概述泰国工程建设市场的基本情况，囊括泰国工程承包市场的特点、泰国对外国企业承揽当地工程的要求、中国企业开拓泰国电力市场的现状及其面临的问题。本章节的主要架构如图 2–1 所示。

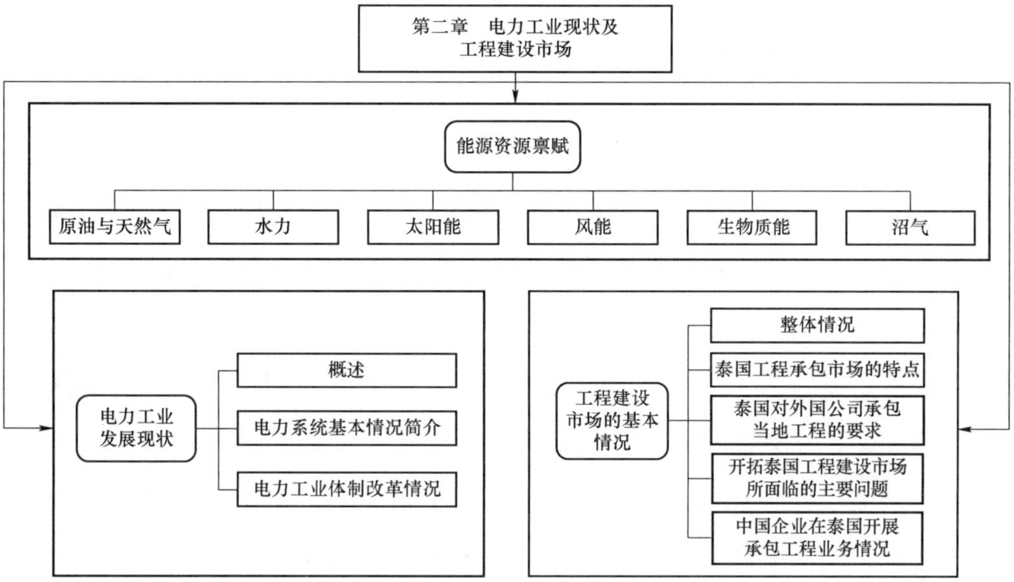

图 2－1　第二章结构

第一节　能源资源禀赋

泰国地域狭长，其能源资源分散于全国各地。作为传统化石燃料相对匮乏的国家，泰国的石油、天然气和煤炭资源占世界总储量的比例分别低于 0.05%、0.1%和 0.1%。具体来看，石油资源主要蕴藏于泰国南部近海的泰国湾和北部山区，天然气主要分布在泰国湾和东北高原地区，水力资源则在中、西、东北部地区，煤炭资源分布在南北和平原的中部。长期以来，泰国经济发展与能源短缺的矛盾十分突出，为了满足经济发展的需求，新能源的开发利用很早就进入泰国政府的视野。水能作为廉价资源，是泰国最早开发利用的新能源。另外，泰国的可再生能源资源较为丰富，如太阳能、风能、固体生物质能源、沼气、废物能及液体生物燃料等在全国都有分布。

泰国的能源资源蕴藏遍布全国，有利于实现国家多种能源资源互补，平衡和解决国家能源资源蕴藏格局，本书将简要介绍泰国的能源资源禀赋情况。

一、原油与天然气

泰国原油及天然气资源虽然储量有限，但品质较高。泰国原油主要产于近海的泰国湾，生产的原油属于远东油，而远东油属高品质的轻质低硫原油，是世界最高品质的原油品种之一，其品质与美洲原油品种和欧洲北海原油品种相似。

泰国天然气资源主要生产地分布在近海的泰国湾及陆地东北部，泰国东北部生产的天然气甲烷含量达到 96mol%，属于干气高品质品种。根据泰国能源部下属部门能源政策和规划办公室（Energy Policy and Planning Office，EPPO）的统计数据，2018 年泰国每天的天然气消费量为 1.32 亿 m^3，比上年下降 0.3%。

二、水力

水力是一种可再生能源，具有巨大的潜力和相对较低的生产成本。在泰国，水力发电可以在有水流的任何地方使用。泰国有丰富的季节性降雨和水库，为水力发电提供了适宜的条件。泰国的主要河流有湄公河、湄南河及蒙河。由于泰国西部为山区，是喜马拉雅山脉的延伸，东北部是呵叻高原，因此河流有一定的落差，在东北部的水电站相对较多。

三、太阳能

泰国位于热带地区，拥有强大的太阳能辐射和资源潜力。其东北部和中部的辐射水平较高，覆盖全国四分之一的土地面积，在这些地区，太阳辐射的峰值密度平均在 1300～1700kWh/m^2，每年 4 月达到季节性高峰，12 月为低谷。

四、风能

泰国的风速主要受东北季风、西南季风和局部地形的影响。泰国的年平均风速为 4～5m/s，海拔为 90m。在季风期间，南部和东部山脉中，风速可达 6～7m/s。低速的风速涡轮机可以以 2.5m/s 的风速开始旋转，以 9m/s 的速度产生一个完整的电力负荷。

五、生物质能

泰国是一个农业国家，传统农业经济发达，有大量的生物质资源，主要来自农业废料或农副产品，包括稻壳、甘蔗废料、油棕榈废料、木薯废料、橡胶、木材废料、玉米芯、酿酒厂、椰子纤维和贝壳等。在土地利用方面，28%的土地用于种植水稻、玉米、木薯等作物；7%用于种植柑橘、咖啡、橡胶等永久性作物；65%是非耕地或牧场、森林、建成区等。

六、沼气

沼气是一种混合气体，主要由厌氧消化有机物产生的甲烷和惰性碳酸气体组成。沼气生产的主要原料是工业废料、农田废弃物、废水和城市生活垃圾。由于工业废料和家畜粪便的大量供应，沼气发电在泰国的潜力很大。沼气发电的规模虽然远不及生物质能及太阳能，但是随着工业化畜牧生产的增长，为沼气发电提供了更多的原料，使得沼气发电的增长速度非常快。

第二节 电力工业发展现状

一、概述

泰国电力行业由泰国国有企业（State Owned Enterprises，SOEs）、独立电力生产商（Independent Power Producers，IPPs）、小型电力生产商（Small Power Producers，SPPs）和超小型电力生产商（Very Small Power Producers，VSPPs）构成。20 世纪 70 年代以来，泰国电力部门一直由泰国发电管理局（Electricity Generating Authority of Thailand，EGAT）、首都电力管理局（Metropolitan Electricity Authority，MEA）和省电力管理局（Provincial Electricity Authority，

PEA）三大国有电力企业垄断经营。其中，EGAT 负责发电和输电业务，MEA 和 PEA 分别负责大曼谷地区和其他地区的配电和售电业务，如图 2-2 所示。

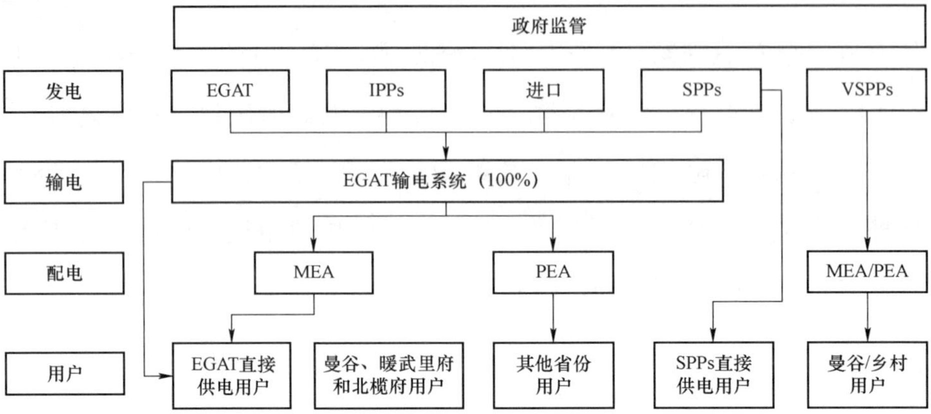

图 2-2　泰国电力供应示意图

在发电业务中，EGAT 是最大的电力生产商，2015 年的市场份额达到 38%，IPPs、SPPs 和 VSPPs 等电力生产商紧随其后。尽管有许多 IPPs 和 SPPs 为 EGAT 的电网供电，但最大的两个 IPPs 是叻丕府（Ratchaburi）发电控股有限公司（RATCH）和发电公司（EGCO），分别占发电量的 14%和 11%。它们都由 EGAT 部分拥有，EGAT 分别将 RATCH 和 EGCO 的股份分别保持在 45%和 25%。因此，EGAT 仍然是泰国发电业务的控制权。

EGAT 成立于 1968 年，是泰国最大的发电企业，在发电、输电环节发挥着重要作用。EGAT 是泰国能源部下属的一家国有企业，负责泰国的发电、输电及大宗电力交易，并管理和运营着遍布泰国的 45 个地区。EGAT 在泰国全国范围内拥有全部的输电资产，并担任系统运营商的角色。

自 1992 年以来，泰国政府为了促进电力行业的竞争，逐步推动 SPPs 和 IPPs 参与发电业务。根据购电合同，要求 SPPs 和 IPPs 将电出售给 EGAT，然后由 EGAT 将电输送给配电商 MEA 和 PEA。与此同时，EGAT 还拥有并运营覆盖泰国各地的高压输电网络。

MEA 和 PEA 是泰国仅有的两大配电企业。其中，PEA 是泰国省级区域唯一的配电商和零售商，主要负责泰国 73 个省的配电与售电业务。MEA 主要负责首都曼谷、北榄府和暖武里府三个地区的供电业务。由于 PEA 和 MEA 是区域性或者地方性的垄断配售电企业，消费者在电力消费上没有其他选择。

二、电力系统基本情况简介

（一）电力系统情况概述

目前，泰国自身发电能力基本能满足国内需求，中资企业前往投资设厂一般不需要自备发电设备，但伴随经济发展，电力供需矛盾日益突出。据泰国能源部门测算，泰国近年来 GDP 每增加 1%，相应的电力需求就增加 1.4%。如果泰国经济维持在 4%～5%的增长率，则每年电力需求增长将达到 5.8%左右。泰国正与老挝、缅甸等周边国家积极开展合作，以期不断满足本国日益上涨的电力需求。

泰国能源部数据显示，截至 2017 年 12 月 31 日，泰国总装机为 46 206MW，其中与周边国家购电为 3878MW；总发电量为 1.98 亿 MWh，其中天然气发电量为 1.2 亿 MWh，占比 60.6%，泰国境内水电发电量为 468.2 万 MWh，占比 2.36%，老挝境内水电发电量为 1349.6 万 MWh，占比 6.82%，可再生能源发电量为 1468.8 万 MWh，占比 7.42%，泰国境内煤电发电量为 2772.5 万 MWh，占比 14.00%，老挝境内煤电发电量为 1689.2 万 MWh，占比 8.53%，柴油发电量为 190MWh，占比 0.1%，其余方式发电量为 35.2 万 MWh。

泰国的民用供电系统为交流电压 220V/50Hz，工业用电为交流电压 380V/50Hz，电费采用分时段费率计收。

（二）电源结构

在电源结构方面，泰国的电力生产在很大程度上依赖于化石燃料。2016 年，泰国的发电量仍以燃气电厂为主，其中 63%来自天然气，18.6%来自褐煤和煤炭，可再生能源的贡献只有 6%。天然气的发电量虽然相比于 2006 年的

66.5%已有所降低，但泰国发电对天然气的高度依赖也引发了担忧，因此加大新能源电力开发迫在眉睫。除了国内发电外，泰国预计电力进口也将在未来20 年有所增加，但由于安全问题，会将电力进口比例限制在 15%以内。根据EGAT 数据显示，截至 2019 年 2 月，泰国 EGAT 发电厂的装机容量及购买电量情况如表 2-1 所示。

表 2-1　　泰国发电装机容量和购买电量情况

序号	发电厂类型	装机容量（MW）	占比（%）
一、EGAT 发电情况			
1	火力发电	3647.00	8.61
2	联合循环	7358.00	17.37
3	可再生能源	3030.18	7.16
4	柴油	30.40	0.07
5	其他	500.00	1.18
总计		14 565.58	34.39
二、EGAT 购买电量情况			
6	独立电力生产商	14 948.50	35.30
7	小型电力生产商	8957.82	21.15
8	进口	3877.60	9.16
总购买量		27 783.92	65.16
累计		42 349.50	100.00

伴随世界能源趋势的不断转变，泰国国家经济发展对电力需求的增长，考虑到国内油气资源的有限性，近些年泰国的新能源电力的利用情况有了很大的发展。2010～2016 年，泰国新能源总装机容量呈现逐步增加的发展态势，截至 2016 年底，达到 6530.1MW。泰国新能源总装机容量情况如表 2-2 所示。

表 2-2　　2016 年泰国新能源总装机容量　　单位：MW

年份	2010	2011	2012	2013	2014	2015	2016
太阳能	48.6	78.7	376.7	823.5	1298.5	1419.6	2446.1
风能	5.6	7.3	111.7	222.7	224.5	233.9	507
小水电能	58.9	95.7	101.8	108.8	142	172.1	182.1
生物质能	1650.2	1790.2	1959.9	2320.8	2451.8	2726.6	2814.7
沼气能	103.4	159.2	193.4	265.7	311.5	372.5	434.9
城市固体垃圾	13.1	25.5	42.7	47.5	65.7	131.7	145.3
总计	1879.8	2156.6	2786.2	3789	4494	5056.4	6530.1

（三）电网结构

泰国电网电压等级涉及 500、300、230、132、115kV 及 69kV 6 个电压等级，截至 2019 年 2 月，泰国拥有 34 488.81km 线路长度，变电站 228 个，变压器容量共计 115 604.33MVA。具体情况如表 2-3 所示。

表 2-3　　泰国电网线路长度及变电站情况

电压等级（kV）	线路		变电站		变压器	
	长度（km）	占比（%）	数量（个）	占比（%）	容量（MVA）	占比（%）
500	6527.386	18.93	20	8.77	36 949.74	31.96
300	23.066	0.07	—	—	388.02	0.34
230	14 712.730	42.66	82	35.97	63 200.01	54.67
132	8.705	0.02	—	—	133.40	0.11
115	13 198.124	38.27	126	55.26	14 933.16	12.92
69	18.800	0.05	—	—	—	—

泰国电网建设水平总体来说还比较薄弱。目前泰国曼谷的电网设施不仅老

化，而且杂乱无序，对市容及电力输送能力都有很大的影响。泰国电网中部与南部的连接目前是靠一条 220kV 双回和一条 500kV 双回输电线路，另一条 500kV 线路正在规划建设中。泰国新能源资源丰富，风能和太阳能等作为一次能源不可储存，其产生的电能具有随机性、间歇性和反调峰特性，其规模化地并入电网将会对电力系统的运行、调度和控制提出更高的要求。

（四）电价体系

泰国能源监管机构——能源监管委员会代表政府管理电价，能源部（MOE）和国家能源政策委员会负责电价政策的制定。能源部下属机构能源政策和规划办公室（原国家能源政策办公室）负责电价调整、电价制定，以及对基础电价和自动电价的审查。一些来自政府机构、电力企业及各利益相关者组成的委员会也会被临时授命来执行特定监管任务。泰国电价制定过程如图 2-3 所示。

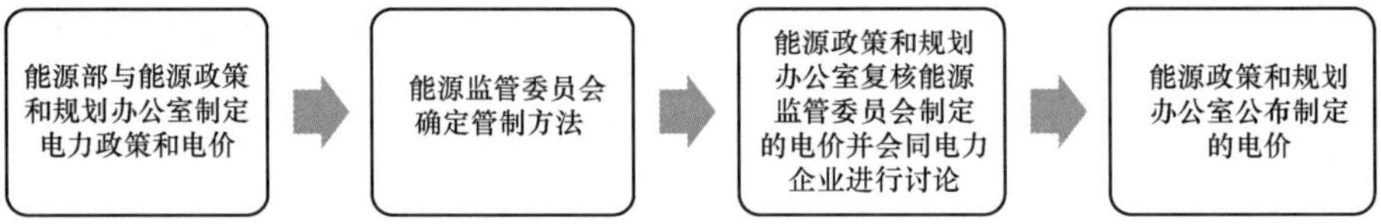

图 2-3　泰国电价制定过程

1. 电价政策目标

泰国政府分别在 2000 年和 2005 年两次实施电价政策调整与改革，并在此基础上提出了以下四个目标：一是，使电价更合理地反映经济成本并促进电能合理使用；二是，保证三大电力企业财务状况良好；三是，减少电力用户之间的交叉补贴，为所有电力消费者提供公平用电的机会；四是，重新设计一种灵活的、机动的电价调整机制，使得电价调整更多地与竞争性市场中的燃料价格挂钩。

2. 电价结构

为了有效实现上述目标，泰国政府对电价进行了特殊的结构设计，将销售电价分为基础电价和变动电价两部分并分别进行管理。基础电价由上网电价（MEA 和 PEA 向 EGAT 支付的购电费、过网费）及每个管制期间 MEA 和 PEA 向电力用户收取的固定销售电价构成。基础电价受国家经济、财政、社会甚至政治等因素的影响而进行调整。基础电价的制定包括以下指标，如表 2–4 所示。

表 2–4 泰国基础电价的制定指标

序号	指标	主要内容
1	负荷特征	1991 年泰国电力市场首次采用分时电价（time–of–day rate）政策，即在一天不同时段，电价随负荷需求变动而变化，高峰时段电价水平相对较高，而低谷时段电价水平相对较低
2	边际成本	采用两部制电价（two–part tariff）来获得需求费用和燃料费用，更能反映边际成本
3	国有电力企业（SOEs）的收入要求和财务指标	每年三大国有电力企业都会在燃料价格、负荷预测及每一企业投资计划的基础上进行财务预测
4	变动电价	为了使电价能够反映实际成本，减少燃料价格波动对电力企业财务状况的影响，变动电价调整机制首先在 1991 年引入并在 1992 年首次实施。2005 年，泰国重新对变动电价公式进行了修订和简化，变动后的公式主要由变动电价的固定部分（0.4683 泰铢/kWh）和变动部分两部分组成

3. 泰国上网电价类型及价格

泰国的上网电价可以根据可再生能源技术分为两类：自然能源（即水电、风能、太阳能光伏）和生物能源（城市固体废物、生物质、沼气）。泰国的自然能源上网电价有固定上网电价和额外补贴（南部三个省份的补贴溢价）两种类型。

图 2-4 为 2014 年泰国可再生能源的上网电价。用于生物能源的上网电价由固定上网电价和可变上网电价（可变部分取决于通货膨胀率）两部分组成。上网电价溢价是固定上网电价之上的额外补贴，旨在鼓励农村或偏远地区的可再生能源发展。

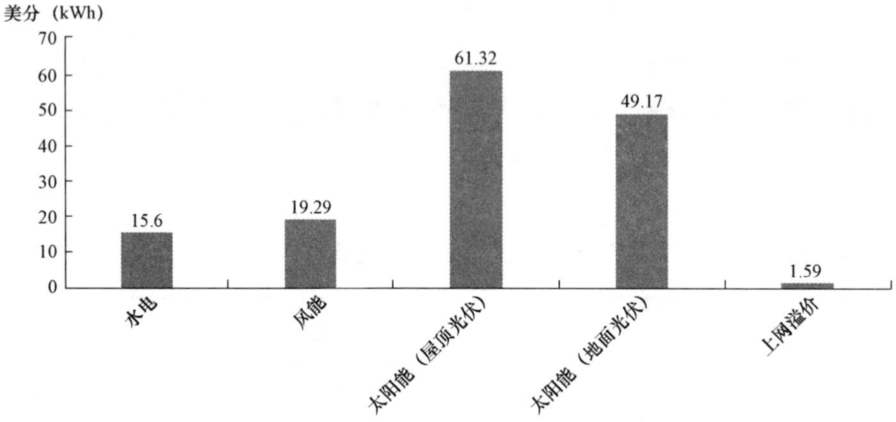

图 2-4　2014 年泰国可再生能源上网电价

泰国的上网电价的资金通过向用户统一收取费用筹得，其属于电费设定中的燃料调整成本部分。负责采购可再生能源发电的机构是泰国电力总署，根据小型发电计划（10～90MW）向发电商提供固定上网电价补贴。而超小型发电项目（容量小于 10MW），其发电量由 MEA 或 PEA 购买。

三、电力工业体制改革情况

由于电力工业市场化改革潮流的重大影响，泰国政府为了提高电力企业的运营效率，在电力行业引入市场竞争机制，并提出了泰国电力市场化及私有化改革的计划。该计划确定了电力改革的目标有四条：一是提高电力工业的效率；二是减少政府的投资和债务负担；三是鼓励私营部门的参与；四是鼓励竞争。

为了更好地满足国内对电力的需求，泰国政府对泰国电力体制改革实施的主要计划内容如表 2-5 所示。

表 2–5　　　　泰国电力工业市场化改革历程

阶段	主要内容	示意图
第一步改革	将泰国发电局的发电业务与其他如购售电、系统运行维护、电力输送等业务分开，初步建立竞争性的发电市场。第一步改革后泰国电力体制结构如右图所示。由于泰国已实现了输配分开，如果将 EGAT 的发电业务独立，则从形式上实现了泰国电力的发、输、配分离	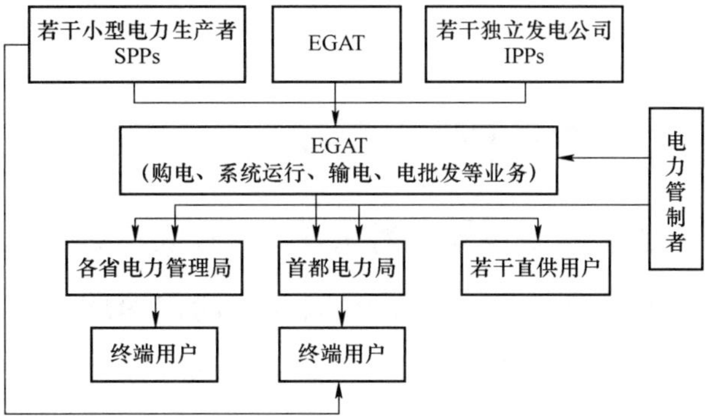
第二步改革	将泰国发电局分离出的发电厂重组为若干独立的发电公司，完全参与市场竞争，将泰国发电局的输电业务与购销业务分离，将独立出来的输电业务专门成立输电公司。独立发电公司可向泰国发电局售电，也可直接向各电力局或用户售电。第二步改革后泰国电力体制结构如右图所示	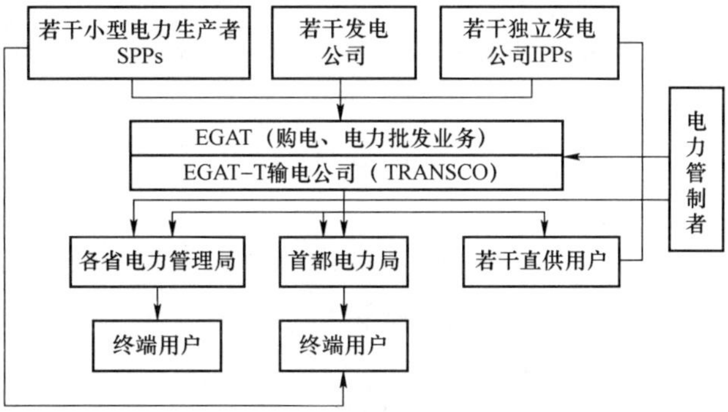
第三步改革	在第二步基础上，将发电环节进一步重组为具有竞争性的若干发电公司和水电厂，将系统运行者和输电业务彻底分开，成立独立系统运行者和输电公司。配电环节成立若干独立的配电公司。第三步改革后泰国电力工业体制结构框架如右图所示	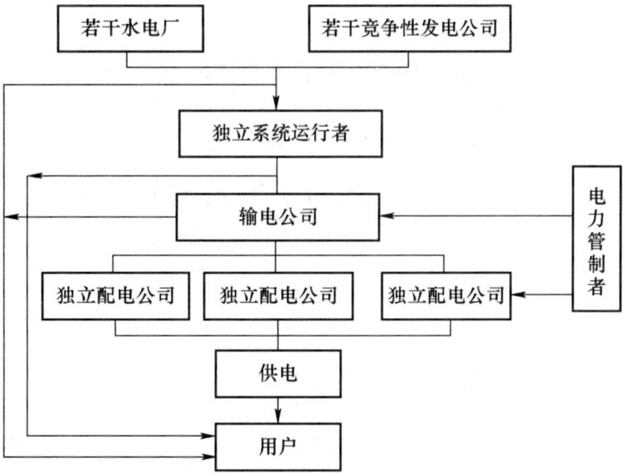

第三节　工程建设市场基本情况

一、整体情况

泰国基础设施较为完善，拥有成熟的建筑市场，是我国在东南亚的重要承包工程市场之一。随着泰国经济的快速增长，泰国的石化、冶金、钢铁、电力、水利、公路、轻轨、地铁、码头等一大批关系国计民生的大型项目兴建起来，基础设施逐步完善，泰国承包工程市场得以迅速发展。但由于前几年泰国政局出现动荡，原政府计划推出的一些大型项目搁置或延缓，众多承包商采取观望策略，因而短期内看，泰国承包工程市场仍难有较大作为。

（一）泰国本地承包商拥有较强实力

在泰国等东南亚典型国家中，泰国的本地工程承包商多效仿于日本和韩国的管理模式，具有较强的实力。例如，泰国燃气和燃煤电厂基本上由日本联合泰国公司承包建设，由日本或欧美企业提供设备供货。

（二）泰国工程承包市场严格的准入政策

对于外国承包公司在泰国设立办事处、代表处等非营利性机构，泰国政府审批很严。对于在泰国注册经营公司，泰国政府要求其与泰籍企业合资，外方占股不高于 49%。泰国对于输入国内的外籍人员的经营管理类人员实行严格的配额限制。

由于泰国是劳务输出国，对于引入外国普通建筑劳务人员严格限制。一般规定，对于泰国缺少的工种，企业注册资本金在 1 亿泰铢以上者，每输入 1 名外国人员需雇用 4 名当地劳工；企业注册资金在 1 亿泰铢以下者，每输入 1 名外籍人员则需雇用 5 名当地劳工。

（三）泰国政府部门对工程投标方的要求

对于泰国境内的国际招标项目，泰国政府对具体工程项目的承包公司都有相应的资质和业绩要求，外国承包商通常只能有资格参与承包外资资本在5亿泰铢以上的公共设施工程的投标。对于泰国政府预算项目，泰国不承认外国公司在泰国以外的工程业绩，泰国没有设立建设部，对建筑业无专门归口管理部门，其政府各部门都有自己认可的一级当地承包商名录，各部门明确规定其认可的一级当地承包商资格是最基本的资格预审条件。

二、泰国工程承包市场的特点

（一）市场相对较为成熟

泰国已形成了高度发达、配套齐全的机械设备材料供应、租赁、配料、加工、劳动力等要素市场的网络，资源配置充分，具有较强的竞争性。特别是在亚洲金融危机发生前20年左右的时间里，泰国工程承包市场得以迅速发展，基础设施逐步完善。目前泰国的石油冶炼加工、冶金、钢铁、电力、汽车加工装配、水泥、水利设施、公路、轻轨、地铁、码头、体育场馆、商场、加油站等一系列关系国计民生的大项目基本在此阶段兴建。近年来，泰国政府陆续推出房建、铁路改造、公路桥梁升级改造项目，承包工程市场正在强力复苏之中，随着近些年泰国电力工程建设的需求快速增强，泰国本地承包商也逐渐开始向电力工程承包转型，或进行相应业务的拓展。

（二）本地承包商处于强势地位

亚洲金融危机发生后，泰国不少建筑企业倒闭。但是，经过优胜劣汰，目前现存的各类承包商共1100多家，这些承包商均具有相当经济实力或技术实力，其中排名前十位承包商基本统揽了本地特大型、大型政府项目。相比之下，外国承包商在泰国市场则处于劣势地位。而且泰国对外国承包商在投标、经营业绩等方面还采取了较为严格的市场准入制度，外国承包商受当地《外汇管理法》严格监管。此外，建设工程项目质量、安全、进口材料等方面基本采用国际标准，外国电力工程企业若进入泰国市场进行工程承包，将会面临来自同行业和泰国政府的双重考验。

（三）市场竞争激烈

泰国良好的基础设施、稳定的政治和经济环境吸引了世界各地的承包商前来争揽承包工程业务，市场竞争相当激烈。土木结构建筑、劳动密集型项目如民用建筑、厂房、公路等基本被当地承包商垄断。具有技术含量较高的特大型项目如地铁、轻轨、隧道、机场等，政府对承包商资格审核要求较高，本地承包商往往联合国外有实力的企业共同组建联营体，进行优势互补，在资审、投标过程中处于较为有利的地位。对由外国政府、财团出资的项目，本地企业利用地域优势联合出资国企业夺标的几率较高。电力工程项目建设具有更高的安全性和政治性要求，因此，外国企业若想参与泰国电力工程市场建设，除了与国家签订特许协议外，通常都需要与当地企业组建项目联营体是承揽项目的有效手段。

三、泰国对外国公司承包当地工程的要求

（一）许可制度

泰国承包工程市场有条件向外国企业开放。根据《外籍人经商法》的有关规定，建筑业和工程服务业为限制外籍人从事的行业，外籍人只有与泰籍人组成合资公司或联合体才能承揽泰国的工程项目，且合资公司或联合体必须由泰籍人控股，外籍人投资所占比例不得超过49%。此外，泰国对外国承包商在投标、经营业绩等方面还采取了较为严格的市场准入制度，且外国承包商受当地《外汇管理法》严格监管。工程项目质量、安全、进口材料等方面基本采用国际标准。

（二）禁止领域

从法律方面看，除外籍人不得在合资公司或联合体中持大股的要求外，泰国未针对外国承包商在承包工程领域做出任何限制规定。但在实际操作层面，泰国几家大的本土工程承包商在一些项目招标中（尤其是政府公共项目）占有天然优势地位。总体上看，建筑承包工程行业属于非鼓励外籍公司从事的行业。

（三）招标方式

泰国的承包工程项目可分为两类：一是国家投资的公共项目，通常采取电子竞标（E–Auction）的方式由泰籍法人参与投标，仅有少数项目采取国际招标的形式；二是私人投资的工程项目，目前通行的国际招标、邀标和议标等招标形式均有采用。私人项目一般选择与业主有长期合作关系的承包商承建，近年来通过议标合作的情况比较多见。

四、开拓泰国工程建设市场所面临的主要问题

（一）泰国政府部门的限制

泰国政府部门对投标具体工程项目的承包公司都有相应的资质和业绩要求。除国际招标工程外，泰国并不承认外国公司在泰国以外的工程业绩。国外企业投标受到各种限制，尚难以与泰国当地公司竞争。

（二）当地工程承包商的垄断

泰国本地承包商在当地承包工程市场处于垄断地位。一般的政府预算项目，在资格审核阶段就排除了外国公司参与项目的可能性。因此，国外承包商想要进入泰国工程承包市场有较大难度。

（三）劳工问题

泰国是劳务输出国，拥有大量懂技术、能吃苦的廉价劳工，劳动力资源十分丰富。外国工程建筑劳务人员难以进入泰国市场，即使成功进入泰国市场，土建、房建工程通常也要分包给当地公司，不利于对项目的管控。

（四）市场准入壁垒很高

较高的市场准入壁垒严重制约外商在泰国市场开拓的力度。在泰国，由于承包工程行业事关国民经济大局，大量的外国劳工进入会冲击泰国就业环境，因此泰国政府通过设定一系列规定与要求来增加外国承包商进入泰国市场的难度，从而起到保护泰国本土承包商的目的。泰国外商企业经营法将承包工程行业列为“限制或禁止外资从事的行业”，要求签约的外资承包商必须一事一议向泰国商业部申请“外资企业经营许可”，外资承包企业必须从境外向泰国注入一定比例的经营资金并维持到项目结束，资金成本较高。

五、中国企业在泰国开展承包工程业务情况

泰国是我国在东南亚的重要工程承包市场之一。我国在泰开展承包工程业务始于 1980 年，经过多年的奋力开拓和努力经营，泰国已发展成为我国在东南亚的重要承包工程市场之一。近年来，泰国经济逐步复苏，泰国政府积极响应“一带一路”倡议，主动将国家发展战略与澜湄合作、“南向通道”等区域合作相对接，加强铁路、港口和机场等大型基础设施建设投入，提升交通运输能力和互联互通再升级，为我国承包工程企业在泰发展带来了新的发展机遇和空间。

截至目前，加入泰国中国企业总商会的承包工程企业增加至 27 家，中国建筑工程总公司、中国港湾工程有限责任公司、中国冶金科工集团、中国水利水电建设集团等多家具有国际竞争实力的中国承包商均在泰国开展业务，主要

涉及电力工程、房屋建筑、石油化工、基础设施等领域。

据中国商务部统计，2018 年中国企业在泰国新签承包工程合同 168 份，新签合同额 28.63 亿美元，完成营业额 33.56 亿美元；累计派出各类劳务人员 2336 人，年末在泰国劳务人员 3684 人。

第三章 相关法律法规与标准体系

本章节的核心研究内容包括三方面：一是对泰国相关法律法规和政策进行简要的概述分析；二是对与电力相关的法律法规和政策进行梳理和解读，如劳动保护法、外资市场准入政策、泰国外国人员注册法律、外汇管理及税金相关法律法规与政策；三是对泰国工程建设标准体系及标准化管理机构进行简要介绍。

本章的章节结构如图 3－1 所示。

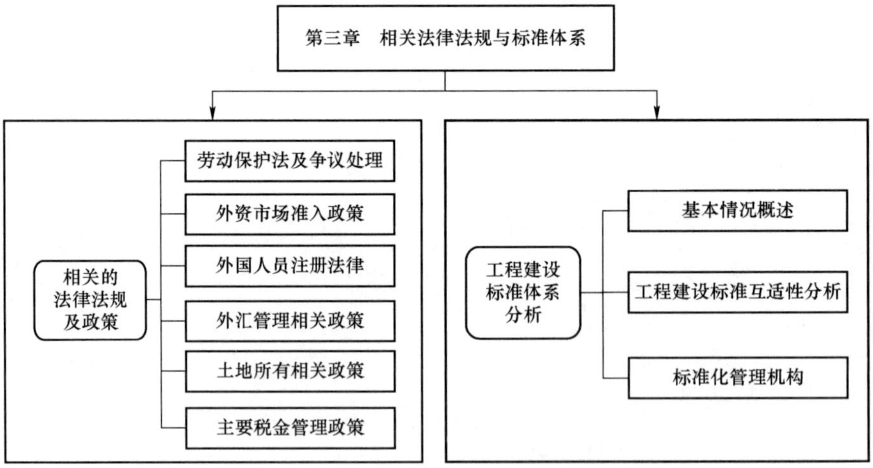

图 3－1　第三章结构

第一节 相关的法律法规及政策

泰国法律历史久远，以 1932 年民主革命为界将其法律史分为近代以前与近代。近代以前的泰国法律中随处可见印度《摩奴法典》的痕迹，表现出浓厚的宗教色彩。近代泰国在法制建设上广泛吸收西方资本主义法律成果，同时结合自身实际，逐步形成了较为完备的法律体系。进入现代后，泰国法律主要受法国法律文化的影响。泰国主要法律体系包括民商法典、刑法典、民事诉讼法、刑事诉讼法、税法和土地法等。泰国的最高法律是宪法，宪法之外还有法律、皇家法令、紧急法令、部级条例、部级通告、其他政府通告及地方政府规定。

泰国的司法环境在东盟国中属于佼佼者，为投资者赴泰国投资保障提供了良好的法律基础。泰国与投资有关的法律法规主要有：①《外商企业经营法》，列出了鼓励、限制和禁止外籍人士经营的项目；②《外国人就业法》，规定了外国人申办工作许可的程序、可以从事的职业等；③《税法典》，对个人所得税、法人所得税、所得预扣税、增值税等税率及申报程序作了详细的规定。与投资有关的法规还有国务院关于跨国公司申请设立区域代表处规则（1992 年）、投资促进委员会投资优惠政策及执行准则等。外国企业投资或参与泰国电力工程建设项目，应紧密关注相关法律法规制度，保证深入了解项目所在地的法律环境，避免因法律问题而受到不必要的处罚。

一、劳动保护法及争议处理

泰国目前实施的《劳动保护法（Labour Protection Act）》制定于 1998 年。泰国《劳动保护法》明确了雇主和雇员的权利及义务，建立了关于一般劳动、雇用女工和童工、工资报酬、解除雇佣关系和雇员救济基金等方面的最低标准。同时，《劳动保护法》也赋予了政府干预管理的权利，确保雇主和雇员双方关系的公平、健康发展。此外，相关立法还有《劳动关系法（Labor Relation Act）》（1975 年）、《工会法（Act Establishment of Labor Courts and Labor Courts Procedures）》（1979 年）、《社会保险法（Social Security Act）》（1990 年）和《工人抚恤金法（Workmen's Compensation Act）》（1994 年）等。

（一）劳动法的核心内容

1. 最低工资标准

2018 年 1 月 17 日，泰国第十九届最低工资标准委员会决议将 2018 年全国各府的日最低工资标准从 2017 年的 300～310 泰铢（日均 305.44 泰铢）调升至 308～330 泰铢（日均 315.97 泰铢），其中涉险工作每天不得超过 7h，普通工作不得超过 8h，该决议于 2018 年 4 月 1 日起生效。

值得关注的是，日最低工资标准最高（330 泰铢）的府治均位于东部经济走廊（Eastern Economic Corridor，EEC），与政府致力于吸引更多具有技术含量的劳动力迁到东部经济走廊工作的政策相一致。外商企业投资泰国工程项目建设时应时刻关注最低工资标准的变化，分析劳动力资源，确保项目可以顺利开展。

2. 工作时间和请假制度

工作时间标准为每日不超过 8h，每周不超过 48h，特殊行业每日工作时间可能延长，但是每周工作总时长不得超过 49h。对于有害雇员身体健康的工作和危险工作，每日不得超过 7h，每周不得超过 42h。雇员每周至少应休假一天，雇主不得要求雇员加班，除非雇员同意，且超过最高工作时间必须支付给雇员补偿金，补偿金为正常工作时间工资的 1.5～3 倍。雇员每周工作时间不得超过最长工作时间 36h。

雇员请病假没有限制，但是每年带薪休病假的总天数不得超过 30 个工作日，雇员请 3 天以上病假，雇主可以要求提供医生证明。为同一雇主连续工作

1 年以上的雇员，每年在国家 13 个法定假日之外还可以享受 6 天的带薪休假。女雇员可以享受包括假日在内共计 90 天的孕产假，但是其中只有 45 天为带薪假。

3. 雇员记录

雇用 10 人及以上的雇主，自雇员达到 10 人之日起 15 天内必须制订劳动管理章程并进行公示，管理章程应在官宣或公示之日起 7 天内提交给劳工部劳动福利保护厅。雇用 10 人及以上的雇主还必须建立雇员记录，包括雇员工资发放、加班和假日工作等情况，上述雇员记录和证明材料在雇员离职后还要保存至少 2 年。

4. 女工的使用

泰国劳动法明确规定了雇主不得使用女工从事劳动的工作种类，雇主不得使用孕妇从事劳动的工作种类，同时也规定雇主不得因女工怀孕而对其解雇。

5. 童工的使用

规定了雇主不得使用童工（15～18 岁）从事劳动的工作种类。雇主只允许雇用 15 岁以上的童工，且要向劳动检查部门申报雇用童工的情况。雇主不得使用童工加班或者假日工作，一般也不得使用童工在晚上 10 点至次日 6 点期间工作。

（二）中泰劳动法对照

综合对泰国劳动法部分条款的简要列举，可知泰国与中国在用工标准上有较多的差异，其中具体表现详见表 3－1。

表 3-1　　中泰劳动法对照表

法律问题	泰国	中国
工作年龄	禁止用人单位招用未满 15 岁的未成年人	禁止用人单位招用未满 16 岁的未成年人
女性员工保障	禁止安排女性员工从事以下劳动： （1）矿井作业、水下、洞穴、管道中作业。 （2）高于地面 10m 的脚手架作业。 （3）制造或运输易燃易爆物品。 （4）其他法律法规规定的作业。 禁止安排孕期女职工在 22:00 至 6:00 工作，禁止安排孕期妇女加班或在假期上班或以下所规定的工作： （1）操作振动性机器或发动机。 （2）独自或合作操作货车。 （3）双手抬举、身背、搬运作业，肩背搬运作业，头顶搬运作业、以拖曳或推动货物超过 15km 的运输作业。 （4）在船内的作业。 （5）其他法律法规所规定的工作	禁止安排女职工从事矿山井下、国家规定的第四级体力劳动强度的劳动和其他禁忌从事的劳动。 不得安排女职工在经期从事高处、低温、冷水作业和国家规定的第三级体力劳动强度的劳动。 不得安排女职工在怀孕期间从事国家规定的第三级体力劳动强度的劳动和孕期禁忌从事的劳动。对怀孕 7 个月以上的女职工，不得安排其延长工作时间和夜班劳动
工作时间	每日工作时间不超过 8h，平均每周工作时间不超过 48h；有危险可能性的做工每日工作时间不超过 7h，平均每周工作时间不超过 42h	国家实行劳动者每日工作时间不超过 8h、平均每周工作时间不超过 44h 的工时制度
工资及加班费	雇主应该规定员工工资、假期及加班工资标准： （1）雇主应该平等对待劳动者，同工同酬，不因性别差异而区别对待。 （2）工资以泰铢结算，在劳动者同意的情况下可以金融票据或外国货币结算。 （3）在劳动者的工作场所交付工资，如果在工作场所以外的地方交付工资须征得劳动者同意。 下述情况中，雇主须向劳动者支付比在一般情况下更多的工作报酬： （1）在工作日安排延长劳动者工作时间的，支付不低于 150%的工作报酬。 （2）休息日安排工作的，支付有权获得该工资报酬的劳动者不低于 200%的工资报酬。 （3）在休息日安排工作且延长工作时间的，对延长部分支付有权获得该工资报酬的劳动者不低于 300%的工资报酬	工资应当以货币形式按月支付给劳动者本人。不得克扣或者无故拖欠劳动者的工资。 劳动者在法定休假日和婚丧假期间以及依法参加社会活动期间，用人单位应当依法支付工资。 有下列情形之一的，用人单位应当按照下列标准支付高于劳动者正常工作时间工资的工资报酬： （1）安排劳动者延长时间的，支付不低于工资的 150%的工资报酬。 （2）休息日安排劳动者工作又不能安排补休的，支付不低于工资的 200%的工资报酬。 （3）法定休假日安排劳动者工作的，支付不低于工资的 300%的工资报酬

续表

法律问题	泰国	中国
假期与年假	雇主应该给劳动者安排每周一日的休假，且连续工作时间不能超过6日，雇主和劳动者可以提前约定每周的假期。 雇主应提前通知劳动者公共假期安排计划，公共假期安排1年不低于13日，且必须包括国际劳动节。 注：泰国的公共假期由雇主从所有公共假期中自行挑选进行放假，安排的全年公共假期不得少于13日。 劳动者工作满1年后可以申请不少于6日的带薪年假	用人单位在下列节日期间应当依法安排劳动者休假： （1）元旦。 （2）春节。 （3）国际劳动节。 （4）国庆节。 （5）法律、法规规定的其他休假节日。 职工累计工作已满1年不满10年的，年休假5天；已满10年不满20年的，年休假10天；已满20年的，年休假15天
产假病假	女职工生育享受不少于90天的产假。 劳动者病假超过3日时，雇主有权让劳动者提供医疗证明。劳动者1年享有30日的带薪病假	女职工生育享受不少于90天的产假
员工福利	劳动者福利由劳动者福利委员会进行安排管理	劳动者在下列情形下，依法享受社会保险待遇： （1）退休。 （2）患病。 （3）因工伤残或者患职业病。 （4）失业。 （5）生育等
工作环境	由工作安全、职业病及工作环境委员会安排管理	用人单位必须建立、健全劳动卫生制度，严格执行国家劳动安全卫生规程和标准，对劳动者进行劳动安全卫生教育，防止劳动过程中的事故，减少职业危害。 劳动安全卫生设施必须符合国家规定的标准
试用期	雇主必须支付工作满120日的劳动者工资，一般情况下，雇主选择119日作为试用期	劳动合同期限3个月以上不满1年的，试用期不得超过1个月；劳动合同期限1年以上不满3年的，试用期不得超过2个月；3年以上固定期限和无固定期限的劳动合同，试用期不得超过6个月
合同终止	劳动合同在合同约定的终止条件出现时终止。 提前终止劳动合同的，需要在下一个发薪日之前通知劳动者	劳动合同在合同约定的终止条件出现时终止，提前终止劳动合同的，需要提前30日通知劳动者，或即日支付1个月工资作为代通知金
劳动争议	雇主与劳动者发生劳动争议，当事人先进行和解，和解不成的可以申请调解，调解不成的，雇主与劳动者可以选定仲裁员进行仲裁	用人单位与劳动者发生劳动争议，当事人可以依法申请调解、仲裁、提起诉讼，也可以协商解决。 调解原则适用于仲裁和诉讼程序

续表

法律问题	泰国	中国
经济补偿	劳动者工作满120日不足1年的，应当支付不少于30日最近工资水平的经济补偿，计件劳动的，应当支付最后30日计件工作量工资作为经济补偿。 劳动者工作满1年不足3年的，应当支付不少于 90 日最近工资水平的经济补偿；计件劳动的，应当支付最后90日计件工作量工资作为经济补偿。 劳动者工作满3年不足6年的，应当支付不少于 180 日最近工资水平的经济补偿；计件劳动的，应当支付最后180日计件工作量工资作为经济补偿。 劳动者工作满6年不足10年的，应当支付不少于 240 日最近工资水平的经济补偿；计件劳动的，应当支付最后 240日计件工作量工资作为经济补偿。 劳动者工作超过10年的，应当支付不少于300最新工资水平的经济补偿；计件劳动的，应当支付最后300日计件工作量工资作为经济补偿	经济补偿按劳动者在本单位工作的年限，每满1年支付1个月工资的标准向劳动者支付。6个月以上不满1年的，按1年计算；不满6个月的，向劳动者支付半个月工资的经济补偿

（三）泰国劳动争议处理

1. 泰国劳动争议处理机构

1975年，泰国制定《劳资关系法》，建立了劳资关系委员会，另外，还设立了一些重要的解决劳动争议的机制，如在企业内部设置工人委员会和协调劳资关系的官员。1980年，泰国根据《建立劳工法庭及劳工法庭程序法》建立了一个劳工法庭来专门受理劳工法律争议，强调为劳资争议的解决提供一个易行的、便宜的、迅速的机制。1998 的《劳工保护法》则设立了一个新的争议解决机制，针对一些金钱要求的争议，雇员可以将争议提交劳工部门的劳工督察官员来处理。另外，针对雇员补偿和社会保障，泰国1994年制定了《雇员补偿法》，规定雇员因执行职务而负伤或生病可以向劳工部的社会保障基金申请补偿。除此之外，对于非因履行职务而负伤或生病、残疾、生育或失业也可以向劳工部的社会保障基金申请补偿，对于由此引发的争议，也制定了相应的争议解决机制。

与一些东盟国家不同，泰国没有专门的劳工仲裁机构，尤其是强制性的劳工仲裁机构。泰国关于劳资纠纷解决机构的设置有其特色，泰国设有一些第三方的争议解决机制，劳工调解官员、劳资关系委员会、劳工督察官员、劳工法庭等发挥了更加重要的作用，尤其是劳工法庭，可以称之为泰国劳工争议解决法律制度中的核心机构。

劳工调解官员和劳资关系委员会主要处理集体争议和利益争议，以及涉及集体协议修改与谈判的争议。

劳工督察官员，则主要是处理涉及金钱要求的争议，以及督促劳工法律的遵守和执行，这主要是法律性质的争议。

劳工法庭作为泰国劳动争议解决机制中的核心机构，起到了强制劳工仲裁机构所起的作用，因此，劳工法庭的案件负担相当繁重。劳工法庭的受案范围局限于法律性质、权利性质的争议，包括个人争议和集体争议，虽然在特定情况下，其也可以处理利益性质的争议。对于大多数法律和权利性质的劳动争议而言，当事人可以直接向劳工法庭起诉而没有前置程序的限制。另外，劳工法庭的程序是免费的，在争议解决中发挥了非常重要的作用，这也有利于弱势的雇员充分地利用司法审查程序。

2.《劳资关系法》对劳工关系管理机构的规定

（1）工人委员会。根据泰国《劳资关系法》，凡是雇佣人数达到50人以上的企业，工人都可以基于自愿组建一个任期为3年的工人委员会。工人委员会的主要职能是代表工人与资方以协商的方式开展劳资双方的合作。根据《劳资关系法》规定，雇主应当每3个月或者应大多数工人委员会成员或工会的要求召开劳资双方的协商会议。协商会议可以讨论雇员福利、工作规则的建立、劳动争议等事项。为了保障工人委员会能充分发挥其作用，泰国相关法律规定，除非得到劳工法庭的批准，否则雇主不能解雇工人委员会的委员或对其实施纪律处分。

（2）工会。除了建立工人委员会外，按照泰国《劳资关系法》的规定，工人还可以基于自愿原则建立工会，凡是在同一产业或企业工作的 10 人以上的雇员可以发起设立工会。发起人应向劳工部的登记机关提出登记申请，经审查后如果发起人符合法律规定的条件，预定设立的工会的目标不违反公共秩序，就可以获得批准，工会注册后将取得法人的地位。如果登记官员拒绝注册登记，申请人可以向劳工部长上诉，对劳工部长的决定还可以向劳工法庭上诉。

按照泰国《劳资关系法》，工会的目标是保护工人的一切利益，并促进和谐的劳资关系与工人内部关系。工会不仅应当保护工人的权益，还应当本着诚信的原则与雇主谈判。因此，当劳资双方发生劳动争议时，工会有义务代表雇员与资方谈判，寻求解决争议的办法，以避免罢工或闭厂。

（3）劳动调解官员。劳工调解官员是由劳工部长任命的调停劳动争议的官员。泰国《劳资关系法》规定，劳工部长可以任命以下人员担任劳工调解官员：劳工部三级以上的公务员；曼谷大都会区的地区长官与副职；各省的省长与副省长、省的政府部长；地区长官及地区政府部长。由此可见，劳工调解官员都有较高的地位和足够的经验，这有利于争议的调解。

劳工调解官员的主要职责是调解“劳资争议”。根据法律的规定，当需要修改或签订集体协议时，劳方或资方应向对方发出书面的谈判请求，谈判应当在另一方收到谈判请求后 3 日内进行。如果谈判未能在规定的时间内举行或谈判失败，就说明劳资双方之间存在“劳资争议”。发起谈判方必须在此之后 24h 内将争议书面通知劳工调解官员。劳工调解官员接到通知后，应当在 5 日内对争议进行调解以达成和解协议。法律规定的谈判与调解的时间比较短，这主要是为了促使双方尽快解决争议。

（4）劳资关系委员会。劳资关系委员会是根据泰国《劳资关系法》成立的一个处理劳资关系的国家专门委员会，由劳工部长任命，由 15 个委员组成，任期 3 年。其中主席由劳工部的常务秘书长担任，其余委员 4 名代表国家机构、5 名代表雇主、5 名代表雇员。

劳资关系委员会的权限包括：

1）处理特定企业内的不可调解的劳动争议。例如发生在铁路、港口、电话或通信、发电或供电、自来水、石油生产或冶炼、医院及其他由劳工部条例确定的企业不可调解的劳动争议。

2）处理由劳工部长交付处理的劳动争议。

3）处理其他任命或委任其处理的争议。

4）处理对不公正劳工措施的投诉。

5）针对劳工部长交付其的指控、谈判、劳动争议解决、罢工或闭厂等问题提出建议。

二、外资市场准入政策

泰国虽然实行较为开放的市场政策，但并不是所有行业都允许外资注入。对于外来投资者，允许准入的行业主要有电子和电工业、金属加工和机械制造业、服务业、汽车配件等相关行业。泰国《外籍人经商法》规定，建筑业和工程服务业为限制外籍人从事的行业，外籍人只有与泰籍人组成合资公司或联合体才能承揽泰国的工程项目，且合资公司或联合体必须由泰籍人控股，外籍人投资所占比例不得超过 49%。从法律方面看，除关于合资公司或联合体外籍人不得持大股的要求外，泰国未针对外国承包商在工程承包领域做出任何限制规定。但在实际操作层面，泰国几家大的本土工程承包商在一些项目招标中（尤其是政府公共项目）占有天然优势地位。总体上看，建筑承包工程行业属于非鼓励外籍公司从事的行业。

与我国外商投资项目分为鼓励、允许、限制和禁止 4 类不同，泰国其将外商投资行业分为禁止、鼓励和限制 3 类。

《外籍人经商法（Alien Business Act）》（1999）规定，泰国限制外国人投资的行业有以下 3 类：

第一类：因特殊理由禁止外国人投资的业务。包括：报业、广播电台、电视台；种稻、旱地种植、果园种植；牧业；林业、原木加工；在泰国领海、泰国经济特区的捕鱼；泰国药材炮制；涉及泰国古董或具有历史价值的文物的经营和拍卖；佛像、钵盂制作或铸造；土地交易等。

第二类：须经商业部长批准的项目。包括：涉及国家安全稳定或对艺术文化、风俗习惯、民间手工业、自然资源、生态环境造成不良影响的投资业务。须经商业部长根据内阁的决定批准后外国投资者方可从事的行业如下。

（1）涉及国家安全稳定的投资业务，包括生产、销售、修理枪械、子弹、火药、爆炸物及其有关配件，武器、军用船、飞机、车辆，一切战用设备的机件设备或有关配件；国内陆上、水上、空中等运输业，包括国内航空业。

（2）对艺术文化、风俗习惯、民间手工业、自然资料、生态环境造成不良影响的投资业务，包括泰国传统工艺品的古董、艺术品买卖，木雕制造，养蚕、泰丝生产、泰绸织造、泰绸花纹印制，泰国民族乐器制造，金器、银器、乌银镶嵌器、镶石金器、漆器制造，涉及泰国传统工艺的盘器、碗器、陶器制造。

（3）对自然资源、生态环境造成不良影响的投资业务，包括蔗糖生产，海盐、矿盐生产，石盐生产，采矿业、石头爆破或碎石加工，家具、木材加工等。

第三类：本国人对外国人未具竞争能力的投资业务，须经商业部商业注册厅长根据外籍人经商营业委员会决定批准后可以从事的行业。碾米业、米粉和其他植物粉加工；水产养殖业；营造林木的开发与经营；胶合板、饰面板、刨木板、硬木板制造；石灰生产；会计、法律、建筑、工程服务业；工程建设，但不包含：

（1）外国人投入的最低资本在 5 亿泰铢以上的公共基本设施建设、运用新型机械设备、特种技术和专业管理的公共设施、交通设施建设。

（2）部级法规规定的其他工程建设；中介或代理业务，但不包含：

1）证券交易中介或代理、农产品期货交易、有价证券买卖业务；

2）为联营企业的生产、服务需要提供买卖、采购、寻求服务的中介或代理业务；

3）为外国人投入最低资本 1 亿泰铢以上的、行销国内产品或进口产品的国际贸易企业提供买卖、采购、推销、寻求国内外市场的中介或代理业务；拍卖业，但不包含：① 国际性拍卖业，其拍卖标的物不涉及具有泰国传统工艺、考古或历史价值的古董、古物、艺术品之拍卖；② 部级法规规定的其他拍卖；法律未有明文禁止涉及地方特产或农产品的国际贸易；最低资本总额低于 1 亿泰铢的百货零售业、最低资本少于 2500 万泰铢的商店；最低资本少于 100 万泰铢的商品批发业；宣传广告业；旅店业，不含旅店管理；旅游业；餐饮业；植物新品种开发和品种改良；除部级法规规定的服务业以外的其他服务业等。

外商投资除需经商业部长根据内阁决议批准外，还需满足以下两个条件方可从事上述第二类规定的行业：一是泰籍人或按照本法规定的非外国法人所持的股份不少于外国法人公司资本的 40%（除非有适当原因，商业部长根据内阁的批准可以放宽上述持股比例，但最低不得低于 25%）；二是泰国人所占的董事职位不少于 40%。

三、外国人员注册法律

（一）在泰国从业人员工种的规定

目前中泰两国政府间尚未签订任何劳务合作协定，泰国严格规定了在泰国从业的工种限制范围，在国家之间无劳务合作协定时，企业入泰投资应严格遵循其规定。对于非限制类工种必须申办工作许可。

限制进入泰国从业的 39 类工种：普通劳工；农、林、牧、渔业（农产管理人员除外）工人；制砖、木匠或其他建筑工种；木雕工；驾驶员（航空器材飞行员、机械师除外）；固定摊贩；市场传销；会计管理；珠宝加工；理发、美容；手工织布；制席；手工造纸；漆器；泰式乐器；乌银镶嵌器；金银器皿制作；泰式嵌石制品；泰式玩具制作；床单、被褥制作；制钵；手工泰丝制品；佛像制作；刀具制作；纸伞、布伞制作；制鞋；制帽；除国际贸易代理外的其他代理；建筑规划设计（专业技术专家除外）；手工艺品制造、设计、估价；首饰设计；泥制品加工；手工卷烟；导游；流动摊贩；泰文打印；手工抽丝；文秘；法律咨询。

（二）在泰从业外国人员注册法律

如果外国人居住地点有所变动，要求在变更前，变更人必须携带重要证件到原住所所在地的内务部移民局办理登记，便于办事人员在证件上加以注明，并且到达新住所时，48h 内告知当地注册人员，这些程序完成期限为 30 天。当外国人临时离开所在地时间超过 7 天时，必须在到达新地点时起 48h 内告知当地注册人员，由自己本人去告知或者提供法律部门规定的书面形式告知。如果外国人死亡，那么此人所居住房子的主人应该在死亡后 24h 内告知外国人所在地的注册人员。根据《驱逐出境法》，被驱逐出境或按照《入境法》遣返回国，或者因其他原因离开泰国边境的人员都要将其重要身份证件予以注销或者由持证件外国人返还注册人员。已确认死亡的外国人的重要身份证件，由相关单位负责人或者发现其重要证件的人返还注册人员。

出现以下情况的，按年度给予相应的处罚，每年罚金不低于 500 泰铢，不满一年的按照一年计算：在泰国满 12 周岁的外国人未办理身份证，或到期未按规定续期的；满 12 周岁起或在允许入境之日 7 天内未申请重要身份证件的。

四、外汇管理相关政策

泰国并无严格的外汇管制制度，外商企业的外汇可以自由汇入汇出。泰国对外汇进入泰国没有限制，但这些外汇须在收到或进入泰国后 7 日内兑换成泰铢，或存入一家授权银行的外汇账户。投资基金、分红、利润、贷款的本息偿还均可在完税后自由汇出泰国。外资公司在向海外汇出利润时须按 10%纳税。

一般情况下，所有与外汇相关的事宜均由泰国银行来规定，其法律依据是《外汇管理法》及根据该法发布的第 13 号法令。自 1990 年 5 月，外汇管制得到放宽。目前泰铢及其他外币的某些交易可以不受任何限制的进行，只有少数交易要求得到泰国银行的批准。

对于非本国居民，过境的个人通常可不受限制地携带外汇和可流通的票据。他们还可以将自己带入泰国的外汇不受限制地全部带出。对于投资者，进入泰国的外汇如投资基金、离岸贷款等没有限制，但是这些外汇必须在收到或进入泰国 7 天内卖给指定银行或兑换成泰铢，或存在一家授权银行的外汇账户上。对每一宗超过 5000 美元或相当的上述外汇的出售、兑换或存款业务，都必须提交 FT3 或 FT4 的申请表格给一家授权银行。外资企业在税务清算之后，投资基金、分红和利润，以及贷款的偿还和支付利息，均可以自由汇出。

五、土地所有相关政策

外国人和外籍法人经内务部部长批准可拥有土地所有权，以满足居住和从事商业、工业、农业等活动需要。但泰国针对不同用途对外国人最多可以拥有的土地面积有一定限制。对于在泰投资金额较大并使泰国经济受益的外国企业，特定情况下（例如投资项目在工业园区等）可以在土地方面享受一定特权并豁免于上述面积限制。但外国企业不得开展对泰国土地的投资业务。

六、主要税金管理政策

（一）税收框架

泰国税收的基本法律为《税收法案》，该法主要调整个人所得税、企业所得税、增值税、特别营业税和印花税。另外，《燃油所得税法案》管理石油和燃气的特许经营行为，《海关法案》管理关税和进出口行为，消费税和财产税由其他法律管辖。

泰国的税收可分为直接税和间接税两大类。直接税包括：个人所得税、公司所得税、石油所得税。间接税包括：增值税、特别行业税、关税、消费税、印花税以及财产税。

从税收的归属划分也可分为中央税和地方税两部分。中央税占主导地位，包括针对收入和利润征收的所得税，以社会保障分配为目的的工资税，针对财产征收的房地产转让税、增值税、消费税、特别营业税，针对国际贸易和交易征收的进口关税、出口税等。地方税包括财产税和机动车税。其中财产税包括针对房地产征收的房产租赁税、土地开发税、房地产转让税，针对货物和服务业征收的增值税附加、特别营业税附加、部分商品的消费税附加，以及对使用某种货物和财产或许可从事某种行为的税收。

（二）税收管理机构

泰国财政部是泰国负责财政和税收管理的主管部门，下辖财政政策办公室、总审计长厅、财政厅、海关厅、国货税厅、税务厅、国债管理办公室等中央厅局及政府彩票办公室、烟草专卖局、住房银行、泰国进出口银行、资产管理公司等企业管理部门。其中负责税收征收管理的主要是税务厅、国货税厅及海关厅。税务厅主要负责征收所得税、增值税、特种行业税及印花税；国货税厅负责征收特定商品消费税；海关厅负责进出口关税的征收。

泰国税务厅是泰国财政部负责税收征管的最高管理机关，主要征收和管理个人所得税、法人所得税、增值税、特别营业税、印花税和石油所得税。税务厅实行厅长负责制。税务厅的组织机构在全国分为两部分，即中央税收管理机构和各府税收管理机构。

（三）从事工程计价涉及的主要税金及纳税管理

泰国税金主要包括增值税、企业所得税、个人所得税、印花税、关税、资本汇入汇出税等。

1. 增值税

泰国的增值税是在生产和销售的每个环节对增值部分征收的一种间接税，根据税法规定，任何年营业额超过 180 万泰铢（约折合 40 元人民币）的单位或个人，只要存在销售应税货物或提供应税劳务的应税行为，都应缴纳增值税。增值税纳税人包括生产厂商、批发商、零售商、服务业、租赁业及贸易进出口公司等，其中进口商无论是否在泰国登记注册，都应按规定缴纳增值税，其应纳税额由泰国海关厅在货物进口时代征。

（1） 增值税的免税。免征增值税的情况包括年营业额不足 180 万泰铢的小企业和个人；销售或进口初级农产品及相关产品；销售或进口报纸、杂志及教科书；医药、审计、法律服务及其他类似的有相关法律约束的职业服务；不动产租赁；由政府、私立学校或其他经认可的教育机构提供的教育、文化及宗教服务等。实行增值税零税率的货物或应税劳务包括出口货物、国内运输或国际运输、援外项目下的货物或劳务、向联合国机构或外交机构提供的货物或劳务、保税库或出口加工区之间提供货物或劳务等。

（2） 增值税应纳税额的计算及缴纳。泰国增值税为价外税，税率为 7%。增值税应纳税额＝销项税－进项税。销售税是指销售货物或提供应税劳务时向购买者或劳务接受者收取的增值税额。进项税是指经营者购买商品或接受劳务时根据其应税税基计算的向供货商或服务商支付的增值税额，普通货物或劳务的增值税税基为所有已收或应收的货物或劳务的总价值，进口货物的税基为到岸价格＋进口关税＋消费税＋其他税费。

进项税的取得主要是项目在泰国境内购买工程材料、设备、办公设施、办公用品、接受各种应税服务或劳务时向厂商、服务商支付的根据税基计算的增值税额，此部分进项税可以通过承包商向业主提供工程建设服务，由业主向承包商支付的、根据工程进度款的 7%计算的增值税（构成承包商销项税额）中抵扣。对于承包商在泰国境外购置的工程材料、设备等，按照 CIF 价格入账，不进行增值税的抵扣；对于接受来自境外的劳务、服务等，其构成的增值税进项税部分可以从销项税中抵扣，但需要将此进项税额在次月 15 号内先行缴纳到税务部门，方可抵减次月的销项税。

2. 企业所得税

泰国的企业所得税是对依照泰国或外国法律成立的法人公司或合伙企业在泰国从事经营活动、获得经营收益而征收的一种直接税。

（1） 企业所得税的计算。企业所得税按照企业在每个会计年度结束时经营活动所产生的净利润或经营成果，采用权责发生制原则，以净利润为基础计算，即采用本会计年度经营收入减除税法规定的允许扣除费用后的余额计算，企业所得税基本税率为净利润的30%，每半年缴纳一次。

（2）企业所得税税收优惠及减免。税法也规定了一些低税率优惠：注册资本低于500万泰铢的小公司，净利润低于100万泰铢的，按20%计算缴纳所得税；净利润在100万～300万泰铢，按25%计算缴纳。外国公司在泰国从事经营活动，无论是分支机构、办事处还是代理，均应按来源于泰国业务利润的30%缴纳所得税；不在泰国从事经营业务的外国公司，其来源于泰国的收入也需缴纳预提所得税，但可以根据双方国家签订的避免双重征税协定条款得到降低或免除；国际运输公司和航空运输公司按净收入的3%缴纳税金。

（3）企业所得税的代扣代缴。企业经营活动中涉及服务或劳务等业务类型的，由接受服务或劳务方按照接受服务或劳务净价（即价格中不包含7%增值税额）的一定比率代扣代缴所得税，并出具代扣代缴税单，其中服务业按3%，建筑安装、承包工程按3%，租赁设备按5%，运输业按1%，广告业按2%。提供服务或劳务方以此作为预交企业所得税，可抵减年度应纳税金。

（4）固定资产的入账及折旧年限。泰国对固定资产认定范围较中国广，税法规定计算机、复印机、打印机、办公桌椅等办公设备作为固定资产，并按照3年计提折旧；施工机械、运输工具等设备按照5年计提折旧，与国内在固定资产认定标准及折旧年限的相关规定有差异。以设备租赁费形式将国内运来的施工设备承担的折旧费等汇回国内时，需按租金收入预扣15%的利润税；但利用支付技术服务费（技术服务期限不超过183天）方式向国内汇款时不用预扣利润税。

3. 个人所得税

泰国个人所得税纳税人分为居民和非居民两类，任何人在泰国一年内居住180天以上的便被视为居民，非居民的纳税仅限于其在泰国境内的收入。根据泰国税法规定，每个在泰国受雇或经商的居民或非居民所取得的合法收入均须缴纳个人所得税，并由接受服务或劳务方代扣代缴。

根据泰国收入法案的有关规定，部分个人所得额可以在税前根据相关标准进行扣除，如租赁收入可根据财产出租的类别扣除 10%～30%；工资性收入按年收入 40%扣除，但最多不超过 60 000 泰铢；专业收费中的医疗收入可扣除 60%；版权收入、雇佣或服务收入可扣除 30%～40%；个人承包人收入可扣除 70%；一定标准的个人福利费用开支以及根据纳税人婚姻状况、子女数量、社会保险情况享受一定金额的抵让。

（1）个人所得税税率。泰国个人所得税为所有应税收入减去一定金额的折扣与抵让费用后，按 5 级超级累进税率征收，见表 3-2。根据国际惯例及双边协定，联合国官员、外交人员及一些客座专家可免缴个人所得税。

表 3-2　　泰国个人所得税税率

序号	年收入（泰铢）	税率（%）	征收税额（泰铢）	累计交税（泰铢）
1	0～100 000	0	0	0
2	100 001～500 000	10	40 000	400 000
3	500 001～1 000 000	20	100 000	140 000
4	1 000 001～4 000 000	30	900 000	1 040 000
5	＞4 000 001	37		

（2）正式员工个人所得税的计算。与公司签订雇佣合同而成为正式员工的个人所得税计算，公司先按照员工月度工资标准，从雇佣之月起预计出到当年 12 月份的工资总额，扣除一定金额的折扣和抵让费用后，再根据适用的累进税率计算出雇佣月份应纳税金总额，然后平均计算出各月份应纳个人所得税额。如果该员工只工作数月，则根据实际工作月计算的工资总额扣除折扣和抵让费用后，重新计算每月应纳税金，对于多缴纳的税金，税务局予以退还。

（3）临时雇佣人员个人所得税的计算。以上为通过签订雇佣合同而成为正式员工的个人所得税的计算，对于企业临时雇佣的劳务人员，个人所得税按照 3%简便计算，由雇佣方代扣代缴并向临时雇佣人员签发代扣代缴证明，作为完税依据。

（4）个人所得税纳税需要注意的事项。公司代扣代缴的正式员工或临时劳务人员的个人所得税，必须于次月5日前根据税务局个人所得税申报格式，填写申报汇总表及明细表，并将所得税额足额缴纳到税务局，每延迟缴纳1个月，按应纳税额增加支付 1.5%的滞纳金。对于企业雇佣的正式员工，企业需要复印雇佣人员的雇佣合同、身份证明文件，对于外国员工，还需复印居住和工作签证，并单独保管，以备税务部门及劳工部门核查；对于临时雇佣的劳务人员，企业在支付款项时，需要在支付单据后附：临时劳务人员身份证明文件复印件、收款证明文件及代扣代缴税金证明。对于企业雇佣的正式员工，企业需要在下一年度3月份前根据员工纳税情况向税务局申报员工年度纳税情况表，并向员工签发年度代扣代缴税金证明，作为员工完税依据。泰国公众假日较多，对于超时工作或假日期间加班工作，企业需要支付超时工作补偿金，补偿金的额度为日工资的1.5～3倍，最大超时工作时间每周不多于36h。对于泰国当地雇员的解雇，按照泰国劳动保护法有关规定，需要提前1个月书面通知该雇员。对于工作超过3个月但不足一年的雇员有权领取30天的解雇费；对于服务时间在1～3年的雇员，解雇费不应少于90天的工资；服务期在3～6年的雇员可获得6个月的工资；服务期在6～10年的雇员应获得8个月的工资；超过10年服务期的雇员将获得10个月的工资。

4. 印花税

泰国印花税是因经济业务行为而签订的合同、协议，支付的票据，开立的信用证、保函，以及开立账册等按一定比例或金额征收的税金。

印花税税率由事务的性质而定，例如每份贷款协议需缴纳10 000泰铢印花税；服务合同、劳务合同、承包合同按照合同金额的每2000泰铢收取1泰铢印花税，并由提供服务方缴纳。

5. 关税

泰国目前采用6级关税系统，税率计算依据进口物资类别不同而不同。6

级税率分别为：对绝大多数工业原材料和必需品征收零关税；对一些有选择的原材料、电子零配件及用于国际运输的交通工具征收 1%的关税；对初级和资本物质征收 5%的关税；对中间产品征收 10%的关税；对产成品征收 20%的关税；对需要保护的特殊商品征收 30%或更高比率的关税。

在泰国从事承包工程项目的企业，在泰国境外采购的构成工程实体的项目主材、设施、材料等，需要在进口前将进口清单报泰国投资促进委员会（BOI）审批，在材料、设备入关时先行缴纳关税、增值税，企业凭海关出具的关单、发票及审批证明材料，向项目业主申请退还关税及增值税。

企业施工需要从泰国境外进口的施工设备，在进口时需按海关规定通过开户银行办理临时进口设备保函，并向海关缴纳关税、增值税，此部分税费一般由企业承担，无法向业主申请退税；临时进口设备保函到期时可以向银行申请延期，项目结束后，临时进口的机械设备等必须办理出关。从泰国出口物资、设备，出口税率为零。

6. 资本汇入汇出税

泰国对于资本的汇入汇出管理严格。对汇入泰国的外汇如投资基金、离岸贷款等没有限制，但是这些外汇必须在收到或进入泰国 7 天内在当地银行兑换成泰铢，或存在一家授权银行的外汇账户。企业用于支付境外采购货物付款时，需向银行提交采购合同（或订单）、发票、运单、进口报关单等。

设在泰国的分公司向其国外总公司汇回利润，需征收额外的所得税，税率为汇款额的 10%，并须由资金汇出公司在汇款后的 7 天内付清。对于贷款本金、投资资本的返还等不用纳税。泰国合作公司向外汇出红利或支付利息时也不用缴纳 10%的额外税款。

未在泰国经营的外国公司在泰国取得收入汇出境外时，红利按 10%纳税；利息收入、租金、服务费用、资本所得及其他合法收入按 15%纳税，但如果该国与泰国签订避免双重征税条款，则不用纳税，例如日本、新加坡等国。

第二节　工程建设标准体系分析

标准化对一个国家经济、社会、科技的发展起着至关重要的作用，泰国历来重视国家的标准化建设。为强化监督国家标准化工作的实施，1968 年 12 月 27 日发布了《工业产品标准法》，一直以来是泰国开展标准化活动的法律依据。

一、基本情况概述

泰国等东南亚地区工程建设采用的标准包括外国工程建设标准（以欧标、美标为主）、本国工程建设标准及国际标准 3 种基本类型（见表 3–3）。在建设过程中一个项目可使用不同的标准体系，但同一专业需采用同一标准体系。使用的规范版本在合同内约定，政府对标准体系的种类和版本无强制要求。泰国工程建设标准构成为：本国标准—国家标准、外国标准—英标、国际标准—国际标准 ISO。

表 3–3　　　　　　泰国等东南亚地区工程建设标准

序号	国别	本国标准	外国标准	国际标准
1	泰国	国家标准	英标	国际标准 ISO
2	越南	国家标准 TCVN	欧标、美标	国际标准 ISO
3	老挝	无	欧标	国际标准 ISO
4	缅甸	无	欧标	国际标准 ISO
5	柬埔寨	无	欧标、美标	国际标准 ISO

二、工程建设标准互适性分析

虽然不同国家标准、外国标准、国际标准中对标准的定义略有虽有不同，但同一行业中，不同标准在编制过程中都会相互借鉴，不同机关制定的标准之间都有一定互适性。下面通过分析混凝土工程、钢筋工程、机电工程等施工中涉及的标准问题，予以说明存在于建设工程市场的国家标准、外国标准、国际标准之间的互适性关系。

（一）混凝土耐久性

在混凝土耐久性方面，欧洲标准（以下简称“欧标”）更有针对性，中国标准（以下简称“国标”）规定较为笼统，美国标准（以下简称“美标”）比国标详细。欧标与国标的混凝土保护层定义相同，但取值有差异，欧标计算更为详细。混凝土的物理力学性能方面，国标、美标与欧标关于混凝土耐久性的标准规定对比如表 3–4 所示。

表 3–4　　混凝土耐久性标准规定对比

国别	混凝土			
	混凝土强度等级	抗压强度	抗拉强度	设计力学指标
中国	立方体抗压强度	棱柱体轴心抗压强度	棱柱体轴心受拉强度立方体劈拉强度	标准值与设计值
美国	圆柱体抗压强度	圆柱体抗压强度	抗折强度	规定值
欧洲	圆柱体抗压强度或立方体抗压强度	圆柱体抗压强度	圆柱体或立方体劈裂抗拉强度	标准值与设计值
对比	指标不同	试件类型不同	指标不同	指标不同

国标中混凝土抗压强度的标准值要低于欧标，因为国标中考虑结构中混凝土的实体强度与立方体试件混凝土强度之间的差异，取 0.88 的修正系数。当混凝土强度等级≤C70 时，国标的混凝土抗拉强度标准值相对欧标取值要大，但是随着混凝土等级的增加，二者的取值趋于相同；当混凝土强度等级＞C70 时，欧标取值较国标略大。

泰国地区混凝土浇筑有如下特点：由于白天太阳直射温度可达 50～60℃，大体积混凝土浇筑时间一般夜间浇筑；由于降雨频繁，混凝土浇筑需采取防雨措施。企业在进行泰国等国外承包工程项目时除了需关注本工程适用的标准体系，还应依据该国气候特征、地理条件等制定合适的施工计划，确保工程按期完成。

（二）钢筋工程

东南亚地区钢筋的生产主要集中在马来西亚、越南、泰国、印尼四国。东南亚地区钢筋主要依赖进口，进口国以中国、印度、土耳其、南美等为主。在钢筋的连接方面，国标、美标中钢筋连接有搭接、机械连接、焊接；欧标中未见对钢筋机械连接的相关规定；美标中钢筋机械连接的相关规定较国标严格；接头抗拉强度与钢筋强度比值要求更高。

（三）机电工程

泰国等东南亚地区节能与消防设计标准普遍低于中国国内标准，无节能审查，项目均无保温层。公共建筑消防“重喷淋，轻消火栓”，与中国国内“兼顾”的要求有明显区别。究其原因，是由于欧标、美标的消防设计均注重喷淋，俄罗斯消防设计注重消火栓，我国防火规范沿袭俄罗斯重视消火栓，同时与欧美接轨增加喷淋，形成了“喷淋与消火栓兼顾”的现状。机电设计无统一的标准体系，不同的项目采用的标准体系不一，同一项目不同专业采用的标准体系也不一致。比如，同一项目给排水专业采用的是英标，消防专业采用的是美标。

三、标准化管理机构

（一）国家标准委员会

《国家标准法》规定，国家标准委员会负责制定国家标准化相关政策和战略方针，监督、管理和协调国家标准化工作，促进国家标准化工作的开展和实施，并对国际贸易形势做出应对；制定适用于合格评定机构与业务经营者广告宣传的原则、程序和条件，统一监督管理合格评定机构；制定促进与国内外进行标准化合作和标准互认的政策；受理国家标准法中规定的上诉，制定国家标准法中规定的强制性标准标识和自愿性标准标识等。根据《国家标准法》成立的国家标准委员会（NSC）的组织结构如图 3-2 所示。

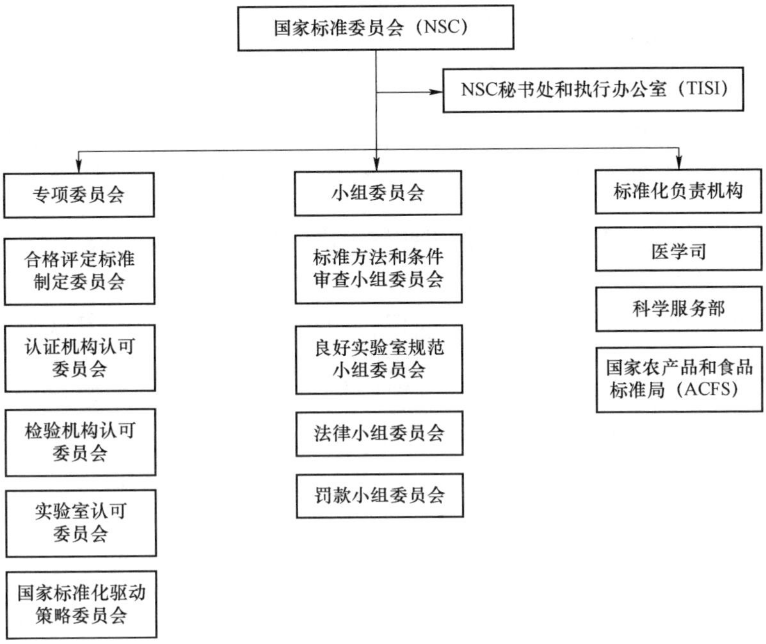

图 3-2　国家标准委员会的组织结构

（二）泰国工业标准协会

《工业产品标准法》规定成立泰国工业标准协会（Thai Industrial Standards Institute，TISI）。TISI 隶属于工业部，由秘书长负责监督和管理。《国家标准法》和《工业产品标准法》规定，工业部部长负责《国家标准法》《工业产品标准法》的执行，有权任命授权官员，发布部长级法规规定收费标准及决定费用的减免，或制定其他与《国家标准法》相关的规定。TISI 作为国家标准委员会的秘书处，负责会议管理、研究收集信息和开展国家标准委员会、专项委员会及小组委员会的各项相关业务。根据《工业产品标准法》成立的泰国工业标准协会（TISI）的组织结构如图 3-3 所示。

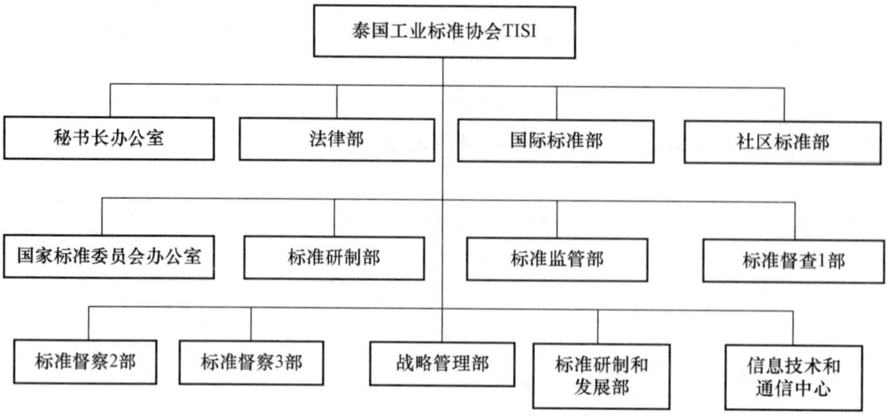

图 3－3　泰国工业标准协会的组织结构

泰国工业标准学会设有 4 个标准局，负责相关产品的标准的制定、认证和监督。标准 1 局：土木工程、建筑材料；标准 2 局：机电工程；标准 3 局：化学、生物、“一区一品”（One Tambon One Product，OTOP）产品等；标准 4 局：实验室认证认可（验收）、中小型企业工作体系。

强制标准发布和执行要求至少在 1 份泰国报纸上登不少于 7 天的广告以便有关当事人在 60 天之内提出他们自己的意见。一般由国家工业部、农业部、卫生部分别发布相关行业的国家标准。

泰国政府要求实行强制性认证的产品有 60 个大类，涉及 8 个领域，包括电气设备和附件、医疗设备、建筑材料、日用消费品、车辆、PVC 管、LPG 燃气容器及农产品。除此之外，其他类别产品的认证都属于自愿性认证。

第四章 电力建设工程计价体系研究

工程计价是按照法律法规及标准规范规定的程序、方法和依据，对工程项目实施建设的各个阶段的工程造价及其构成内容进行预测和估算的行为。在东南亚国家中，泰国建设市场潜力较大，为实现有效成本控制和精准造价，对其工程计价体系的研究具有一定的现实需求。自泰国公布 2016～2018 年大型基础设施项目近期投资计划以来，泰国正加快推动包括泰国东部经济走廊等建设项目，多个项目已获得实质性进展。

本章基于泰国工程造价管理基本情况，系统开展了电力建设工程计价体系研究。本章节的核心内容包括：一是，简要描述泰国工程计价体系基本情况，对其工程计价基本情况、典型特点进行概述；二是，结合典型工程项目的工程计价活动，明确泰国建设工程项目的费用构成，开展工程计价方法研究；三是，在简要介绍工程计价信息相关概念的基础上，明确工程计价信息的种类和获取途径。本章的章节结构如图 4-1 所示。

第一节 工程计价体系概述

一、基本情况

2012 年，泰国陆续发布一系列建设领域工程计价的相关规定，涉及房屋建

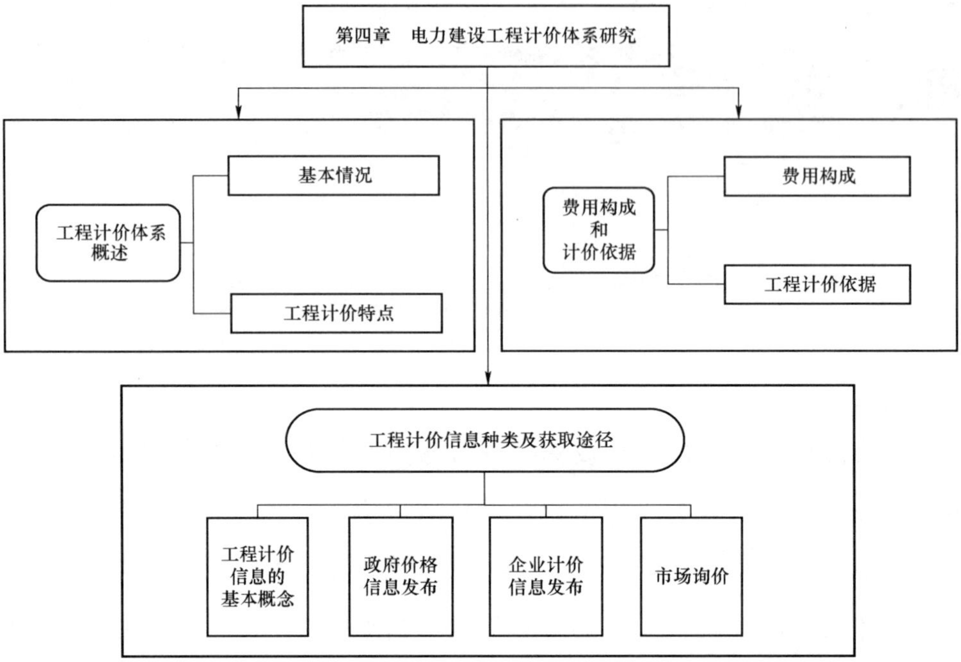

图 4-1 第四章结构

设、道路建设及水利建设等领域。上述文件的发布实施，改变了泰国在传统建设领域工程计价没有统一规定、办法的局面，过去关于工程计价只有一些政府发布的临时的、零散的规定。现阶段，泰国政府还没有针对电力项目工程计价制定和发布相关的原则、方法和规范。同时，泰国的一些造价机构会定期发布各项工程的估算指标及建筑材料价格。例如现任泰国兰实大学工程学院工程管理系常任副教授的哇苏·纪拉盾庚在2012年编写了《工程造价》，书中发布了当期的各项工程造价指标及材料价格，为工程人员提供参考。

（一）工程计量的基本原则

2005年，莫莱森国王赞助泰国工程研究所出版了《工程建设中的主体工程和土木工程的工程量计量规则》，使工程造价及项目管理人员有了可参考和借鉴的工程计量原则。泰国工程研究所发布的工程量计算规则，大部分都是依据国际上采用的工程量测量、计算方法制定的，使概预算编制人员有了统一的工程量计算方法，减少了在施工过程中因计算工程量问题而引起预付工程款、工程量变更等方面的争议。

同时，该套计量规则的作用在于参考和借鉴具体工程项目计量规则的选择和应用，深度结合拟建工程项目的设计标准。例如，若拟建项目的设计标准采取的是欧美标准，则为了匹配设计参数、消耗量及施工方法情况，建议应采取欧美的计量规则；若拟建项目的设计标准采取的是中国设计标准，则计量规则应以中国的计量规则为主，但要充分结合和参考泰国的基本情况，进行适度修改。

（二）泰国工程造价的依据文件

泰国工程建设中间价格审查与准则监管委员会出版发行的《建设工程中间价》是目前泰国工程造价的主要依据文件，其主要规定了工程计价原则、计算方法及提供可参考的计算表格。中间价是建材交易的现金价格，不包含运费和各种增值税。建筑材料的中间价来自咨询生产公司或者零售代理或曼谷、暖武里府、巴吞他尼府、北榄府等地区批发商的批发价格的平均值。

现行建设工程中间价编制标准源自 2007 年 2 月 6 日内阁出台的决议，自 2007 年 3 月 21 日起对包括地方政府在内的政府机关单位均有法律效力。一套完整的《建设工程中间价》文件由工程建设中间价格审查与准则监管委员会出版，主要包括：《泰国工程建设中间价编制方针、执行方法与细则》《泰国房屋建筑工程建设中间价》《泰国道路、桥梁、涵洞建设工程建设中间价》《泰国水利建设工程建设中间价》及 F 系数表（房屋建筑、道路桥梁和水利工程）等内容。该套中间价文件每间隔 5 年更新一次，F 系数表根据具体情况进行变动和调整。此外，值得注意的是，政府投资项目必须严格执行该套《泰国工程建设中间价》文件，对于民营或其他私人项目没有强制要求。

建设工程中间价编制标准是整个建筑工程计价规范中的一个重要部分，它包含了政府发布的建设工程中间价编制标准的定义、意义和历史由来。建设工程中间价编制标准是政府相关机构和建筑工程计价人员需要熟知并且遵照执行的法规和制度，此外这套计价标准还涵盖了不止一项建筑计价需要使用到的资料和相关信息，比如建筑材料采购价格的标准、人工作业费计算表、建筑材料运输费用计价标准和计价明细表。

泰国政府还没有针对电力项目工程计价制定相关的原则和方法。通过与当地咨询公司联系咨询及与国内相关企业调研，现在做泰国电力项目的工程计价一般参照道路、房屋的相关规定执行。例如，针对输变电工程中变电站土石方工程、变电室的土建工程可参考《泰国房屋建筑工程建设中间价》中的有关规则和要求；室外临时道路建设可以参考《泰国道路、桥梁、涵洞建设工程建设中间价》的有关要求。

二、工程计价的特点

（一）政府投资项目严格执行建设工程中间价

泰国政府投资建设的工程项目要严格执行由工程建设中间价格审查与准则监管委员会出版的《建设工程中间价》，该文件含有类似于国内的“费用定额”。建设工程中间价是指政府能够接受的各项建筑工程的所需费用组合，其价格制定目的是保证建设工程市场竞争的有序性，既保护投资方的投入合理性，又保证了承包商利润。

建设工程中间价除了能作为开发商寻找承建方的参考价格之外，规定有效的建筑工程中间价，包括规定使用造价作为建筑工程电子投标底价，将有利于让投标方的投标价不高于工程造价，有助于解决投标出价高于实际价格的问题，公开建设工程中间价及工程支出预算价格明细有利于项目参与方处于更加公平的竞争局面。

（二）计划与市场并存的工程计价基本体系

泰国的工程计价体系呈现出计划与市场并存的特点，计划性体现在政府对建筑材料信息价收集的指导性，如建设工程中间价的制定与使用；市场性体现在泰国各大工程公司内部自成体系的报价习惯和报价体系，在进行项目招标报价时，允许按照其公司价格体系编制招标文件，类似于我国企业自制的招标工程量清单。泰国工程计价的费用分类方式与我国存在相似之处，即按费用类别不同分为直接费和间接费。其中，直接费的核心是确定每个工作项的单价分析，类似我国的定额消耗量分析和工、料、机单价确定。

间接费是指工程建设过程中所产生的其他费用，为了便于用于实际操作，并防止计算中错误发生，在间接费用计算时多参考 F 系数表。

（三）工程计价中常使用经验系数法

在工程计价过程期间，无严格的工、料、机汇总界限，在统计资源消耗时，常以经验系数简化处理。例如，在计算加工某材料需多少原材料时，通常按照 1t 钢模板需 1.2t 钢材的经验标准；计算安装费用占材料费的比例时，根据经验按照模板安装费占材料费 15%的比例计算；计算运输机械单位燃料消耗量时，按照 1 皮卡每天消耗 20L 燃油的量来计算等，均反映出泰国单价分析中经验系数使用的普遍性。此外，材料运杂费既可放在材料单价中，也可按运价、里程和重量单独分析；人工费和机械费可直接包含在某工作项内（如打桩等），也可按人员和机械配置独立分析（如考虑机械租赁数量和用时，考虑班组构成等）。

由此可见，泰国市场对综合单价的编制并没有严格的统一规定，我国企业进入泰国市场，在编制综合单价时，应结合自身施工管理水平、现场拟投入的人员设备、工地现场实际情况及招标文件中相关规定，合理利用我国以定额为主导的单价分析体系的优势，在此基础上根据泰国实际情况做一定的修正工作。同时，大量搜集时效性强的泰国单价分析文件，总结泰国建筑业常用的经验系数库，供我国企业在进入泰国工程承包市场时参考学习。

第二节　建设工程费用构成和依据

一、建设工程费用构成

针对政府投资项目而言，泰国建设工程项目成本费用主要包括直接费用（Direct Cost）和间接费用（Indirect Cost）两部分。此外，某些项目或施工工程可能会有第三部分成本费用，例如，规定的特别成本费用，和其他必需的成本费用。因此，在工程计价过程期间，应计算每一部分的成本费用，合计为项目或施工工程的总成本。泰国建设工程项目成本估算费用的基本构成如图 4-2 所示。

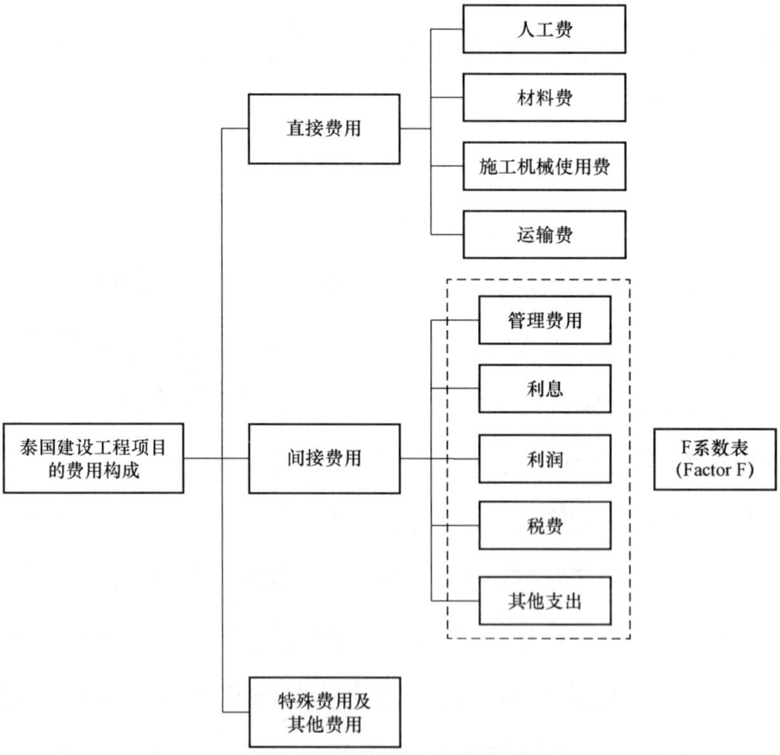

图 4-2　泰国建设工程项目成本估算费用的基本构成

（一）直接费用

直接费是直接用于建设过程中的各项费用，主要包括人工费、施工机械使用费、材料费和运输费等 4 部分内容。

1. 人工费

泰国没有类似我国的单项工程人工消耗量定额，泰国项目的人工费一般可参照政府发布的《人工费/项目建设中所需费用》标准执行。

在计算人工费时，若费用超出了《人工费/项目建设中所需费用》规定范围，超出部分将以材料价格的 30%～37%计算，并由项目负责人决定按哪个百分点进行核算，或根据技术水平和劳动力匮乏程度来决定百分点。泰国近年的人工工资标准变化较大，人工费可按照市场实际情况计算，并且可以根据劳工部发布的最低工资标准及经济环境的变化施行。

2. 施工机械使用费

在泰国的工程计价体系中，施工机械使用费没有统一的机械台班消耗量，是按照工程类别提出参考价，各项目参照执行的，可据实际情况调整。施工机械使用费用分为机器使用费和损耗费用组成。机器损耗费又分成雨天机器损耗费和工作时间的机器损耗费。详细费用的计算采用《机械使用费及机械折旧费表》，施工机械使用费的构成如图 4－3 所示。

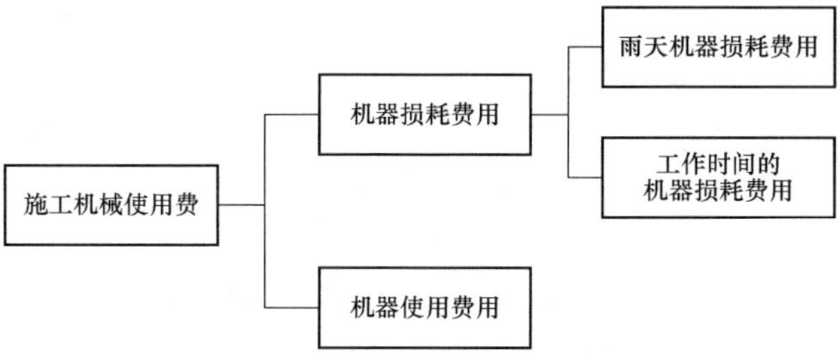

图 4－3　施工机械使用费的基本构成

3. 材料费

在计算建设工程项目的总费用时，材料价格需要根据购买材料时的价格计算。对政府工程应采用经贸局和商业厅规定的价格，如果没有，可参照临近府的价格。如果以上资料都没有，可采用出厂价格。泰国各府每月均有公布的材料价格。泰国大多数电力建设材料均依赖进口，砂、石、水泥等材料的采集也受到当地矿产资源政策的限制。

4. 运输费

《泰国工程建设中间价编制方针、执行方法与细则》中规定了 3 种类型的“建筑材料运费计算表”供参考使用，该表分别按照“六轮卡车”“十轮卡车”及“十轮拖挂车”进行编制。

“建筑材料运费计算表”的适用条件为平原、柏油路面和一般交通状况。此运费表格是根据柴油价格为 25.00～69.99 泰铢/L 时的费率制定的，使用时，可以根据编制期柴油价格进行调整计算。

（二）间接费

间接费是指工程建设过程中所产生的其他费用，包括管理费用、利息、利润、税费（增值税）及其他支出，为了便于用于实际操作，并且防止计算中错误发生，做成表格叫作 F 系数（Factor F）表。

1. 间接费的组成分析

间接费的组成如图 4－4 所示。

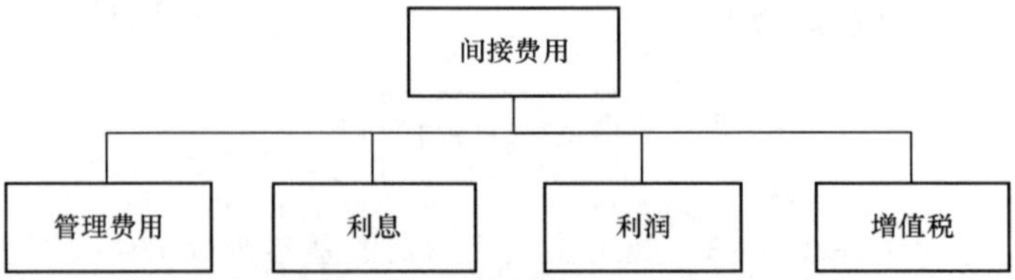

图 4－4　间接费用的组成

（1） 管理费用。管理费用是有关建筑施工管理的成本费用，主要由制作合同阶段的费用、野外办公室、工作人员住地及车辆的成本类费用、有关工作人员（含总部人员）的成本费用，以及风险管理成本费用等4部分组成。

1）制作合同阶段的费用。主要包括合同担保书手续费（履约保证金）、年建设施工担保书手续费、合同印花税、补偿基金和社会保险基金配套金。

2）野外办公室、工作人员住地及车辆的成本类费用。主要包括：野外办公、工作人员住住宿，机器停放场和维修厂的成本费用，各种事务的文件印制费用，车辆燃料费用、维修费用及车辆保险费用。

3）有关工作人员（含总部人员）的成本费用。包含从开工到竣工期间，与建筑施工有关管理人员的工资、薪酬和其他有关费用，一般情况包括项目经理、项目建筑师和工程师、工头、工程监理、总工、项目办公室秘书、工作人员、安全管理人员、机器管控人员所发生的费用。

4）风险管理成本费用。包括保险费和其他风险管理费用。保险费是指施工过程中的损失保险费用（不包括业主为分担整个项目的建设风险而缴纳的保险费）。

（2） 利息。由于电力工程建设项目所需的投资大，建设施工方必须从金融机构贷款，以作为施工的周转金，包括采购各种建设的必备材料和设备。这些周转金借贷产生利息，此费用为另一种建设运行费用。利息与建筑施工合同所规定的预付款率和施工保证金率有关，如果预付款率高则利息降低。

（3） 利润。利润属于建设施工成本费用，规定采用财务利润率或超额利润。

（4） 税金。在泰从事建筑施工承包业务应支付的税金为增值税，以目前税率执行预扣税款［税金计算规则详见：第三章—第一节—六（三）从事工程计价涉及的主要税金及纳税管理］。

除了上述四大类建设施工等成本费用外，在施工过程中，泰国各地区域的气候也会对建设施工产生影响，导致成本费用变动。尤其是在多雨地区或雨季持续时间长的地区，年施工时间比一般地区少，由此会引起各项管理费用增加，还会对施工机械占用费产生影响，使得机器的磨损费用要高于一般地区。因此，企业在项目承包时应关注可能影响费用的各类因素，必要情况下考虑额外计算特殊情况下所产生的成本补偿。

2. 间接费的计算方法

间接费内容较多，而且每个分项还包括多个成本项目。为了便于操作，防止计算中的错误发生，政府公布了 F 系数表。按照 F 系数表中相应系数，可以方便地计算间接费。F 系数表按照间接费中上述四大类费用单独编制。

目前，泰国政府公布了三种工程类型的 F 系数表，分别是道路建设施工 F 系数表（见表 4－1）、桥梁和管道建设施工 F 系数表及房屋建设施工 F 系数表。

表 4－1　道路建设施工 F 系数（FACTOR F）表

预付金：0%，贷款利息：7%/年
扣除工程保证金 0%；增值税 7%

工程费（百万泰铢）	建设施工成本（%）				综合系数	增值税	F 系数	F 系数多雨地区一	F 系数多雨地区二
	管理费	利息	利润	总成本					
≤5	18.236 1	1.166 7	5.5	24.902 8	1.249 0	1.07	1.336 5	1.357 4	1.378 4
10	14.041 0	1.166 7	5.5	20.707 6	1.207 1	1.07	1.291 6	1.313 8	1.336 0
20	9.785 8	1.166 7	5.5	16.452 5	1.164 5	1.07	1.246 0	1.267 5	1.288 9
30	6.908 2	1.166 7	5.5	13.574 9	1.135 7	1.07	1.215 3	1.234 1	1.253 0
40	6.989 9	1.166 7	5.0	13.156 5	1.131 6	1.07	1.210 8	1.231 7	1.252 6
50	6.455 2	1.166 7	5.0	12.621 8	1.126 2	1.07	1.205 1	1.226 2	1.247 4
60	5.591 9	1.166 7	5.0	11.758 6	1.117 6	1.07	1.195 8	1.215 8	1.235 9
70	5.404 8	1.166 7	4.5	11.071 5	1.110 7	1.07	1.188 5	1.208 6	1.228 7
30	5.150 8	1.166 7	4.5	10.817 5	1.108 2	1.07	1.185 7	1.205 9	1.226 0
90	4.769 2	1.166 7	4.5	10.435 9	1.104 4	1.07	1.181 7	1.201 2	1.220 8
100	4.463 9	1.166 7	4.5	10.130 6	1.101 3	1.07	1.178 4	1.197 5	1.216 6
（略）…	…	…	…	…	…	…	…	…	…

注　1. 当工程费用在规定的成本范围之内时，应按比例比较，以求得 F 系数值，或用计算公式求得。

2. 如果是无增值税的贷款工程，应采用综合系数一栏的 F 系数值。

（三）特殊费用及其他费用

特殊费用及其他费用是指在建设工程里的特别项目费用和其他必需的项目费用，即按照规定产生的费用或者根据工程合同产生的费用。规定的特殊费用主要包括：① 提供并维持现场办公室；② 提供运行和维护现场实验室；③ 提供并维护现场实验室设备；④ 提供和维护工程师的汽车；⑤ 为工程师车辆提供驾驶员；⑥ 配合工程师的现场办公；⑦ 提供并维护测量设备；⑧ 环境保护和环境监测费；⑨ 施工队伍转移费；⑩ 安全文明生产费用。此部分费用属于按实际情况的估列费用。其他费用是指业主方费用、勘察设计费用等。

（四）征地拆迁费用

征地拆迁费用由建设单位按实际发生计列，不含在以上内容中。

二、建设工程计价依据

建筑工程中间价计算方针及执行方式是泰国建筑工程中间价计算的重要组成部分，其目的是为了规定或者控制工程参与方及政府行为，确保其可以正确、有效地执行关于建筑工程中间价计算的方针政策，并且和执行机构、监测委员会、预算研究分配部门和预算服务部门的要求取得一致性。

（一）建筑工程中间价编制方针

1. 适用原则

建筑工程中间价计算方案用于那些没有限制资金、资产，以及建筑过程中未限制预算的工作。政府投资项目必须严格执行该准则。

2. 成本价格和建筑材料执行规定

（1） 在计算建筑成本的时候，需要按照现行的材料价格。

（2） 对于中央地区建筑的建设工程，需要根据以下规定来计算。

1）建筑材料价格需要按照经贸局和商业厅发布的价格指数执行。

2）如果经贸局和商业厅没有建筑材料价格相关指数，企业可根据附近府的价格指数来计算。

3）经贸局、商业厅、附近府都没有指数指出建筑材料价格的，企业有责任调查研究中央地区的或者类似中央地区的价格，并且这个价格需要记录在企业报告里面。

3. 地方性的建筑计算建筑成本的建议

地方性的建筑，一般按照以下原则计算建筑成本。

（1） 根据当地经贸局和商业厅的价格指数来计算成本。

（2） 如果建筑物所在区域的经贸局和商业厅没有规定建筑材料价格的，企业应采用临近地区的价格指数。

（3） 如果建筑物所在区域的经贸局和商业厅以及临近地区都没有规定建筑材料价格，企业有任务去调查研究所在区域或者临近区域类似材料的价格，并且将这个价格记录在报告里面。

（4） 其他采用中间价方式计价应注意的事项。

1）基于政府的需要和利益，负责计算价格的人员可根据第（1）条或（3）条情况使用其他地方建材价格，但包含运费后的价格不得高于建材最低价格。经济指标贸易局、商务部、地方商务厅、中央建筑、地方商务建设委员会和商务办公区、位于商务厅附近的委员会或省商务厅建筑、机关建设、传媒等负责提供价格的，在计算中应做详细记录，包括合理定价的必要原因。

2）计算人员分析后计算，因施工所需建材量大而能拿到出厂价，并且在包含运费后其价格也低于第（2）和（3）条所述情况，计算人员可按照出厂价计算。

3）政府机构、国有企业或其他非政府机构可以成立委员会或采取其他形式收集数据，规定建材价格和生产地。

4）中间价格计算时除按照这里所规定的价格和建材生产地外，也要按照建筑工程计价的各项原则和细节计算，并按照价格监测中心、管理委员会标准和价格监控中心的限制执行。

5）按照以上所述工程中间价和建材生产地执行的相关解释：① 现行价格是指从开始计算建筑工程中间价开始的30天内的建筑材料价格；② 中央或者中央地区是指曼谷、暖武里、巴吞他尼、北榄府；③ 府级区域是指除曼谷、暖武里、巴吞他尼和北榄府以外的其他府；④ 相邻府或地域是指建筑所在地位于相邻的两个府中间的地方；⑤ 建筑材料是指设备部件或建筑施工中用到的，按规定必须计算在工程中间价中的材料；⑥ 价格调查是为了获悉目前建材价格和建筑材料生产地的具体情况的各种行为；⑦ 记录单的重要性，详细显示调查结果，明细价格及建筑材料生产地，以便使负责计算人员按照资料和实际情况合理的计算工程中间价；⑧ 根据建筑材料运费表所提供运费率计算建筑材料从生产地到建设施工地点的费用。

4. 其他计算建筑价格细节

泰国项目建设过程中，建筑材料运费、机械使用和折旧费、土地价格、地基调整和岩石爆破工作等所有的建筑价格计算细节都按照建筑工程计价的各项原则和方法计算，并按照价格监测中心、管理委员会标准和价格监控中心限制执行。

泰国财政部（审计长总署）负责编制机械使用和折旧费、土地费用、地基调整和岩石爆破价格等所有其他计算建筑价格的细则，使其符合石油价格、经济形势、建筑科技等的变化，并且通知政府机构、国有企业和政府其他部门执行。

5. 人工作业费计算

泰国建设项目人工作业费计算，按照建筑计算规定中的标准和方法进行执行计算，并根据标准和价格审查中心管理委员会或小组委员会、建设管理委员会或机构审查施工作业标准和价格确定。

泰国财政部（审计长总署）按照相应的最低人工价格和经济形势及建筑科技等的变化调整人工作业费，并通知政府机构、国有企业和政府其他部门执行。

6. 贷款利率

泰国项目建设贷款利率根据具体施工项目按照此标准计算的价格设定利率标准，允许考虑使用不少于 3 家大型银行最低贷款利率（Minimum Lending Rate，MLR）形式的平均利率进行贷款，通过规定采用四舍五入的计算方式。

泰国财政部（审计长总署）每个会计年度的开始（每年 10 月）规定和公布按照建筑价格计算标准计算的建筑价格贷款利率，以便政府机构、国有企业和其他政府机构执行。

7. 税率

泰国建筑行业的计价税率按照建筑中间价计算标准执行，增值税率四舍五入。

泰国财政部（审计长总署）公布变更的增值税率，当增值税条例变化时，也将同时调整制作新的 F 系数表，以符合增值税的变更，以便政府机构、国有企业和其他政府机构按此执行。

第三节　工程计价信息种类及获取路径

一、工程计价信息的基本概念

（一）信息

信息是现代社会使用最多、最广和最频繁的词汇，在人类社会的各个方面和各个领域被广泛使用，而且在自然界的生命现象与非生命现象研究中被广泛应用。按照狭义的理解，信息是一种消息、信号、数据或资料；按照广义理解，信息被认为是物质的一种属性，是物质存在方式和运动规律与特点的表现形式。在工程造价管理领域，信息也有它自己的定义。

（二）工程计价信息

工程计价信息是一切有关工程计价的工程特征、状态及其变动的消息的组合。在工程发承包市场和工程建设过程中，工程造价总是不停地运动着、变化着，并呈现出种种不同特征。从广义上讲，所有对工程造价的计价过程起作用的资料都可以称为工程计价信息，最能体现信息动态性变化特征，并且在工程价格的市场机制中起重要作用的工程计价信息主要包括价格信息、工程造价指数和工程造价指标三类。工程计价信息是指工程造价管理机构发布的建设工程人工、材料、工程设备、施工机具的价格信息，以及各类工程的造价指数、指标等。

大体上来看，泰国工程造价价格信息发布的主要方式有：一是政府官方网站的价格信息发布；二是相关建设企业的价格信息发布与其他咨询机构、专业团体（如建筑咨询公司或咨询机构）的出版物；三是采取市场询价的方式。

二、政府价格信息发布

泰国官方会发布工程造价信息，类似于国内信息价。泰国地区信息价按照地区不同大致可以分为两类。

第一类：中央地区（曼谷及周边）价格。由泰国贸易和经济指数局发布建筑材料价格信息，每月更新一次，大约有 3000 多类造价信息。造价信息发布内容，以曼谷地区的建筑材料价格（现金价格不含增值税，不包括运费）为例，可知泰国贸易和经济指数局发布的建筑材料价格信息针对不同的规格型号，官网发布有对应单位、价格等供指导内容。

第二类：地方造价信息，一般都是主要材料。

三、企业计价信息发布

企业造价信息，是指大多数测量师行、咨询公司和一些大型的工程承包商发布的造价信息。企业通常设立专门的信息收集处理中心，负责收集、整理各种造价信息。通过分析、总结公司所承接工程实际发生的各种造价数据，积累并生成公司内部的造价信息数据库，编制近期工程造价信息和分析表。一些较大规模的测量师行和工程承包商积累的工程造价信息有多年的历史，为企业后续的工程承包业务提供了丰富的数据与参考管理经验，有力地促进企业的可持续发展。

（一）第三方咨询机构的出版物

比如大多数测量师行、咨询公司和一些大型的工程承包商都会收集并发布造价信息，并建立企业自身的价格信息库，这是企业投标报价的重要依据。承包企业的信息一般供公司内部使用，不对外公布，并作为企业的重要机密严格保密。

此外，咨询机构的信息同时向社会有偿提供工程造价信息服务。这些信息大都以市场价格为基础，并贴近于工程实际，是准确确定工程造价的基础。以凯谛思（ARCADIS）为例，每年度会发布《建设工程造价手册—泰国》(《Constrcution Cost Handbook—THAILAND》)，主要包括 4 部分：建设项目造价数据、一般建筑数据、财务以及其他信息等内容。

（二）专业团体或机构的出版物

以咸宁谢（Langdon&Seah）公司为例，作为一家亚洲国际建筑咨询公司，其在 13 个国家独立经营，拥有 39 个办事处，员工资源近 3000 人。

Langdon & Seah 发布的《SPON'S ASIA PACIFIC CONSTRUCTION COSTS HANDBOOK》，里面涵盖关于泰国建筑业概况、建筑业产值、行业结构和特点、客户和财务、劳动力价格、材料价格、近似估算、开发控制和标准及建筑造价数据等内容。

四、市场询价

采取市场调研和询价的方式是众多企业获取工程设备材料价格的关键途径，主要包括：一是走访调研当地的市场，获取价格信息；二是在第一种方式的基础上，聘请第三方咨询机构进行市场询价；三是向当地的分包企业进行价格询问进行设备材料价格信息的获取。

市场询价的资料至少应当包含建材市场及其价格、人工日工资标准、施工台班价格、运输价格、施工用水、用电、副食品价格、汇率等模块。值得一提的是，未提及材料、机械、人工消耗量的问题，是因为：一方面，若是援外项目，中华人民共和国商务部对外经济合作局颁发了《援外成套项目概算编制办法》（征求意见稿）中规定了，编制概算时不同项目类型使用相应的系列定额，这也就决定了其消耗量的数量；另一方面，我国的企业在国际型项目大部分为以施工单位或者总承包单位的角色参与，因此企业内部一般有相应的完整企业定额；最后就是，经过多年的国际型项目的时间经验，我国也有相应地区的人工下效率比的一个具有普遍指导意义的经验值。为协助读者更了解相关具体询价工作，本书列举了市场询价清单和市场询价一览表。

（一）市场询价的内容

对项目所在地区范围内的材料、设备、人工、机械、各项税费等价格进行搜集和询价，具体可参考如下内容。

（1）当地已完成的工程的（各类型工程、各阶段的造价数据）。

（2）各类钢材的市场价格，确定是从当地采购还是中国进口。

（3）木材、水泥、混凝土、砖、瓦、灰、砂、石、模板、脚手架等市场价格，确定选用当地或中国进口。

（4）门窗、五金、装饰材料、保温材料等市场价格，确定当地或中国进口。

（5）当地的汽油、柴油等燃料价格。

（6）国际运输及当地运输的集装箱容积、载重标准、价格。

（7）当地各种材料、设备的供应能力、销售价格。

（8）近三年当地材料的增长幅度。

（9）当地物价水平。

（10）国内施工人员与当地用工人员比例，工效比。

（11）当地用工来源，各工种及专业技术人员工资等级、工资标准、平均月工作天数、全年节假日天数。

（12）当地水、电费（包括生活用水用电及施工用水用电价格）收费标准。

（13）当地二类费取费标准，包括水、电开口费等。

（14）当地币的汇率、贷款利息及近三年的变化情况。

（15）当地对建设工程保险费的收费标准。

（二）市场询价表样例

根据上述询价内容，本书制定了市场询价表，如表 4-2 所示。需要注意的是，具体的询价内容还需要结合项目基本情况。

表 4-2　　市场询价一览表（土建类）

名称		单位	类别	价格	供货方式	产地	运费
一	**人工单价**						
1	当地工人单价（综合）	工日	人工费				
2	国内劳务派遣当地人工单价	工日	人工费				
3	当地工人单价（普工）	工日	人工费				
二	**材料单价**						
	砂石料及气体类						
1	白灰	kg	材料费				
2	白灰膏	m^3	材料费				
3	白水泥	kg	材料费				
三	**钢筋型材类**						
1	钢筋	t	材料费				

第五章 典型工程计价案例分析

本书按照案例真实性、资料的可获取性、同一性与差异性相结合等选择标准，选取了两个典型工程计价案例供读者阅读和参考。具体来看，中国企业在获得相关项目信息基础上，为分析投资的合理性，需要针对拟承揽项目的费用水平进行对比分析。案例一选取泰国某变电站建设项目，向本书读者介绍来泰国电力工程投资的基本费用组成，及其与中国电力工程承包费用水平的差异情况。通过对案例一的剖析和解读，可供读者初步提供一个可借鉴的思路和路径。在此基础上，本书选取泰国某基础设施项目为典型案例，向读者介绍各项费用的计算原则及方法，为我国企业承揽泰国项目提供参考。

第一节　某变电站项目费用水平分析

现以泰国某变电站项目为例，对投标报价单中的土建费用、设备材料费和安装工程费进行整理汇总，并按照汇率（具体汇率应按照实际情况来选取，本书的汇率按 1 人民币≈4.73 泰铢计算，供参考）转换成人民币。该变电站项目报价单中的主要费用组成信息，具体如表 5－1 和图 5－1 所示。

需要注意的是，在该项目中，未体现的设备有变压器、通信设备、远动设备；未体现的材料有电缆桥架、防火封堵等。

表 5-1　　泰国变电站报价分析　　单位：万元

项目	土建费用	设备材料费	安装工程费	合计
费用	884	937	80	1901
各项占比	46.50%	49.29%	4.21%	100.00%

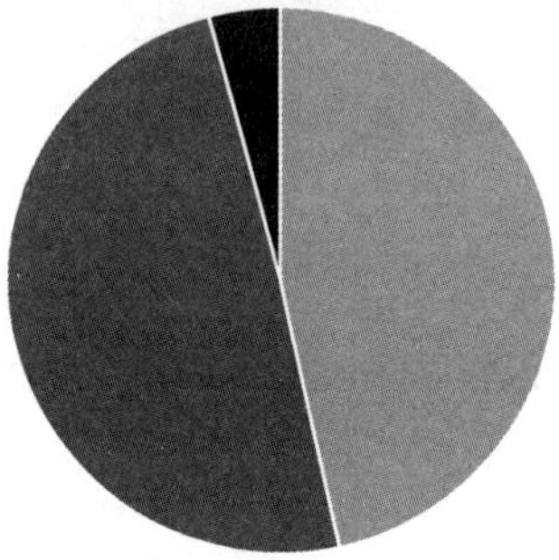

图 5-1　泰国变电站报价分析示意图

一、设备材料费用的比较分析

本部分依据该变电站设备材料费用（含税）与国内费用价格进行对比，具体如表 5-2 所示，帮助读者对泰国电力市场设备材料价格的水平进行分析。

表 5-2　　本变电站设备材料费用分析（含税）　　单位：万元

序号	项目名称	设备费	材料费	安装工程费	小计	备注	工程量	单价	国内价格费用
1	**一次设备**	248		14	261				
1.1	115kV 断路器	65		2	67	5 台 SF_6 断路器，带支架	5	10	50
1.2	115kV 隔离开关	70		5	75	7 台 115kV 隔离开关，带支架	37	—	69
1.3	避雷器	20		2	22	6 台 115kV 避雷器，带支架	36	—	16

续表

序号	项目名称	设备费	材料费	安装工程费	小计	备注	工程量	单价	国内价格费用
1.4	电流互感器	54		3	57	12 台，带支架	12	1.4	17
1.5	电压互感器	32		2	34	7 台，带支架	7	2.1	15
1.6	防火隔离带	5		1	6		—	—	—
2	**二次设备费用**	336		6	342		1	250	250
2.1	变电站保护设备	140		2	142		—	—	—
2.2	控制系统	197		3	200		—	—	—
3	**照明系统**	7		2	9		1	7	7
4	**电缆**		254	36	290		—	—	—
4.1	22kV 电力电缆 $500mm^2$		36	3	39		1	30	30
4.2	22kV 电力电缆 $400mm^2$		164	18	182		5.69	16.8	95
4.3	22kV 电力电缆 $240mm^2$		8	1	9		0.35	12.8	4
4.4	22kV 电力电缆 $90mm^2$		3	1	4		0.35	9.1	3
4.5	750V 电力电缆		4	3	7		—	—	—
4.6	电缆终端		13	5	18		1	10	10
5	**钢结构**		30	10	40		—	—	—
6	**导体**		6	2	8		—	—	—
7	**绝缘子**		14	3	17		—	—	—
8	**金具**		11	1	12		1	97 000	97 000
9	**标示牌**		1	1	1		—	—	—
10	**天线塔**		5	1	6		—	—	—
11	**接地**		25	5	30		1	20	20
总计		591	346	80	1017		—	—	—

由上表数据测算结果可知：

（1）断路器、避雷器、电流互感器、电压互感器等主要设备的价格，均比国内设备价格高。

（2）隔离开关设备的价格，比国内的价格略低。

（3）报价单中二次设备部分的价格较高。

（4）该项目报价单中的电缆规格描述不是很清楚，按照以往工程经验的规格型号进行比较，如“22kV 电力电缆 400mm^2”。根据测算，其价格比国内价高。

（5）照明、钢结构、导体等，因无具体工程量无法进行比较。

二、变电站安装工程费用分析

变电站安装费用分析表（含税）如表 5–3 所示。

表 5–3　　变电站安装费用分析表（含税）　　单位：万元

序号	项目名称	安装工程费	备注
1	**一次设备**	14	
1.1	115kV 断路器	2	5 台 SF_6 断路器，带支架
1.2	115kV 隔离开关	5	7 台 115kV 隔离开关，带支架
1.3	避雷器	2	6 台 115kV 避雷器，带支架
1.4	电流互感器	3	12 台，带支架
1.5	电压互感器	2	7 台，带支架
1.6	防火隔离带	1	
2	**二次设备费用**	6	
2.1	变电站保护设备	2	
2.2	控制系统	3	
3	**照明系统**	2	

续表

序号	项目名称	安装工程费	备注
4	**电缆**	36	
4.1	22kV 电力电缆 500mm^2	3	
4.2	22kV 电力电缆 400mm^2	18	
4.3	22kV 电力电缆 240mm^2	1	
4.4	22kV 电力电缆 90mm^2	1	
4.5	750V 电力电缆	3	
4.6	电缆终端	5	
5	**钢结构**	10	
6	**导体**	2	
7	**绝缘子**	3	
8	**金具**	1	
9	**标示牌**	1	
10	**天线塔**	1	
11	**接地**	5	
总计		80	

由表 5-3 变电站安装费用分析表（含税）可知，本项目报价单中的安装工程费为 80 万元人民币。根据国内惯例，设备和材料的安装工程费分别为设备费、材料费的 14%和 30%，按此水平进行国内安装工程费测算，本项目安装费的国内价应为 170 万元。本项目的电力工程设备安装费率水平低于中国水平。

三、变电站建筑工程费用分析

如表 5-4 变电站建筑工程费用分析（含税）所示，在本变电站工程项目中，土建总体费用为 884 万元，其中，土方工作费用为 380 万元，占土建总体费用的 43%；控制楼费用为 158 万元，占土建总体费用的 17.84%等。根据土建费用占本工程的总费用的比例分析，本项目土建费用率高于中国。

表 5-4　　变电站建筑工程费用分析（含税）　　单位：万元

序号	土建部分	单位	工程量	费用	比例
1	**土方工作**	—	—	380	43.01%
1.1	场地清理	座	1	37	—
1.2	土方工程	座	1	341	—
1.3	土工试验	座	1	1	—
2	**控制楼**	—	—	158	17.84%
2.1	控制楼 14×28	座	1	153	—
2.2	门卫室	座	1	5	—
3	**道路**	—	—	30	3.37%
3.1	混凝土路 20cm 厚	m^2	1425	25	—
3.2	碎石路	m^2	2470	5	—
4	**地下电缆系统**	—	—	92	10.45%
4.1	钢管 DN110mm	m	46	71	—

通过上述表中数据分析可知：

（1）该项目的设备、材料费用相比国内水平较高。

（2）安装工程费的价格相比国内较低。

（3）土建费用进行整体判断后，价格水平较高。

第二节　某基础设施项目费用计算原则和方法

本节以某基础设施项目为例，介绍费用计算原则和方法，以期为本书读者提供借鉴。在泰国基础设施建设项目投资管理中，除参见本国标准和英标、国际标准外，对于工程项目报价部分通常会参照“谁投资、按谁的标准”原则来进行的项目管理与报价，本案例参考了国内工程报价规范，主要包含的要素项目有人工费、材料费、机械台班使用费、水、电、燃油费、运输及装卸费、施工措施费、间接费、设备费、税金、临时工程费和其他费用等。

一、人工费

（一）编制依据

中国企业所承揽的泰国工程项目，在编制人工费用时需要综合考虑中国人工工资和泰国当地人工工资水平，按不同中泰人工比例、不同工程类别综合分析确定人工单价。

综合人工单价的编制主要考虑的影响因素如下。

（1）泰国劳动相关法律。主要包括《劳动保护法（Labour Protection Act）》（1998 年）、《劳动关系法（labor Relation Act）》（1975 年）、《工会法（Act on Establishment of Labor Courts and Labor Courts Procedures）》（1979 年）、《社会保险法（Social Security Act）》（1990 年）及《工人抚恤金法（Workmen's Compensation Act）》（1994 年）等法律法规。

（2）中泰两国相关备忘录或纪要类文件。例如，根据中泰两国纪要约定，由泰国方面负责土建工程和相关供电工程的建设施工，由中方企业负责技术复杂的桥梁及隧道工程。

（3）不同类别工程的技术工和普通工比例。

（4）泰国技术工工效情况。根据对泰国民风及实际走访调查获悉，泰国建筑工人的工效低于我国工人。因此，在对当地工人参与施工的工程类别的组价过程中，需要对人工工日的消耗量进行系数调整，以确保能与实际情况吻合。

（5）加班情况。

（6）考虑我国国内实际工资与工作时间的关系。

（二）人工费的计算

人工费的计算，按不同中泰人工比例、不同工程类别综合分析确定人工单价。

（三）综合工费

根据泰国工人、中国工人的综合人工费，考虑以下因素计算综合工费：

（1）每类工程技术工和普通工比例不同。

（2）泰国技术工的工效与中国不同。

（3）加班时间：按照每月加班 2 天计算，折合每天加班 0.8 个 h，加班时间工费按照 2 倍工资计算。

（4）中国工人实际工资与定额匹配。考虑中国建筑市场工资水平与定额工资相当的因素。考虑以上因素后，计算综合工费。

二、材料费

（一）编制依据

结合本项目特点、各项调查资料、相关法律，各项材料按照不同供应地点分别计算价格。本项目所有材料价格均不含增值税。

（1）从中国国内进口设备，海运至泰国，汽车运至存料场或工地的价格计算示例。中国国内进口设备价格＝国内调查价＋中国国内运杂费＋海运费＋港杂费＋其他应缴税费。

（2）泰国境内供应量较小或采用中国标准设计图纸设计的材料，其规格型号与泰国不同，此时应根据项目情况采用中国国内进口的方式。如在本项目中使用的钢铁，泰国境内钢产量极小，很难满足本项目需求；同时，中国标准设计图纸中采用的钢筋型号与泰国的钢筋型号有较大的差异。所以本项目钢材价格按照从中国进口计算。在中国钢材在计算钢铁出口价时应按照相关法律规定缴纳出口税。

（3）水泥、木材等辅助、零星或当地采用供应较经济的材料，采用当地调查价格作为设计价。

（4）混凝土梁、混凝土枕等采用现场预制的，采用当地预制价格编制。

（二）泰国建筑材料价格调查资料

本项目进行了一次初定测工作，期间调查了曼谷、大成、沙拉武里、呵叻等多个地区的多项建筑材料价格，企业计划入泰投资可参考各地价格水平，结合严谨的市场调查后，进行投标报价。调查内容详见表 5–5。

表 5–5　　泰国建筑材料价格调查表（示例）　　单位：万元

序号	材料	单位	曼谷	大成	沙拉武里	呵叻
1	预拌混凝土立方体 180kg/cm^2 和圆柱体 140kg/cm^2	m^3		2090	1943.93	1859.81
2	预拌混凝土立方体 210kg/cm^2 和圆柱体 180kg/cm^2	m^3		2130	1981.3	1889.72
3	预拌混凝土立方体 240kg/cm^2 和圆柱体 210kg/cm^2	m^3		2170	2018.7	1919.63
4	预拌混凝土立方体 280kg/cm^2 和圆柱体 240kg/cm^2	m^3		2210	2056.1	1975.70
5	预拌混凝土立方体 320kg/cm^2 和圆柱体 280kg/cm^2	m^3		2290	2130.8	1931.31
6	预拌混凝土立方体 350kg/cm^2 和圆柱体 300kg/cm^2	m^3		2340	2177.6	1979.68
7	预拌混凝土立方体 380kg/cm^2 和圆柱体 320kg/cm^2	m^3		2400	2233.6	2056.07
8	预拌混凝土立方体 400kg/cm^2 和圆柱体 350kg/cm^2	m^3		2470	2299.1	2102.8
9	粗糙混凝土，比例为 2:1	m^3			1841.1	
10	普通型墙壁混凝土砌块规格：19 × 39 × 7cm	块	6.5	4.91	3.5	4.91

（三）材料费的计算

在材料费的计算过程中，所有材料价格为不含泰国增值税的价格。其中，从中国采购的材料，价格中包含中国段运费，不包含泰国海关关税、增值税及运输费用，主要材料价格见表5–6。

表5–6　　主要材料价格表　　单位：万元

序号	材料名称	单位	设计价	产地
1	原木	m^3	1556	泰国
2	锯材	m^3	1852	泰国
3	325号水泥	t	390	泰国
4	425号水泥	t	390	泰国
5	525号水泥	t	390	泰国
6	Ⅰ级钢筋	t	3270	中国
7	Ⅱ级钢筋	t	3040	中国
8	型钢	t	3100	中国
9	钢板	t	3250	中国
10	碎石	m^3	66.84	泰国
11	碎石道砟Ⅰ级	m^3	75.00	泰国
12	碎石道砟特级	m^3	80.00	泰国
13	中粗砂	m^3	53.48	泰国

三、机械台班使用费

机械台班使用费按定额统计的人工、油、水、电等消耗量及市场调查价，编制机械台班价格。

对于泰国本地很难租赁或购买的专用施工机械及大型铺架机械，本项目按照从中国进口计算。考虑设备从中国海运到泰国，备品备件短缺和维修费用较高，经测算，施工机械的大修理费、经常修理费按国内价格的2倍计算。

四、水、电、燃油费

本项目在计算水、电费用时，按国内定额计算的水、电消耗量乘以泰国水、电调查的分析单价计算得出；汽油、柴油价格根据市场调查得出，再乘以计算消耗量得出相应费用。下面简要介绍本项目进行过程中，水、电、燃油综合单价计算中考虑的因素及取值。

（一）工程用水

工程地理分布及水资源分布是对工程用水价格影响较大的因素，本项目的调查资料显示，项目沿线大多位于市郊及乡村，没有自来水，需自打井或用地表河水；部分地区需缴纳水资源费，各地区水资源费征收标准不同。结合工程分布及调查资料，综合分析得出本项目工程用水综合单价为0.88元/t。

（二）工程用电

工程用电价格的计算主要依靠外业调查资料，再结合工程分布进行计算。通过分析计算，本工程用电综合单价为0.77元/kWh。

（三）燃油

本项目汽油柴油依据市场调查价格计列：

（1）汽油：36.01泰铢/L（折合50.01泰铢/kg，合8.931元/kg，比重0.72）。

（2）柴油：25.94泰铢/L（折合31.253泰铢/kg，合5.581元/kg，比重0.83）。

五、运输及装卸费

1. 汽车运价

在进行运输费用计价时，依据调查的柴油价格，按照泰国《建筑工程中间价》中“建筑材料运输费用表”的规定计算。

2. 火车运价

本项目火车运价依据当时的实际调查价格计列。

3. 海运价格

本项目海运价格依据中国远洋公司的实际调查资料计列。

4. 装卸费单价

装卸费在泰国造价规范中没有专门规定，本项目按照中国相关规定价格的1.5倍计列。

六、施工措施费

施工措施费按照一定数量的人工费、机械费计算。调查显示，本项目施工措施费中人工费所占比例为15.2%，材料费所占比例为57.5%；机械使用费所占比例为27.4%。泰国人工费、机械费价格与中国标准不同，本次项目在设计中对施工措施费计费标准进行了调整，依据其人工费、材料费、机械使用费所占比例，按照泰国各项价格与中国相应价格的比例综合计算。本工程施工措施费各项费用计算费率如表5-7所示。

表5-7　　施工措施费费率表

序号	工程类别	费率（%）
1	人力施工土石方工程	19.32
2	机械施工土石方工程	9.47
3	汽车运输土石方采用定额“增运”部分	4.99
4	特大桥、大桥	10.33
5	预制混凝土梁	31.30
6	现浇混凝土梁	19.00

七、间接费

间接费包括企业管理费、规费、利润。泰国人工费、机械使用费价格与中国标准不同，按照泰国各项价格与中国相应价格的比例综合计算。据调查，管理人员工资收入占间接费的 9.65%，教育经费占间接费的 1.54%，劳动保险占间接费的 1.35%，其他费用（包括办公、差旅交通、车辆使用、施工队伍调遣费等）占间接费的 22.94%。结合中国建设经验以及本项目特点，间接费费率以国内规定的费率为基础，按照上述原则进行调整。调整后费率详见表 5–8。

表 5–8　　间接费费率表

序号	工程类别	费率（%）
1	人力施工土石方工程	10.13
2	机械施工土石方工程	24.89
3	汽车运输土石方采用定额“增运”部分	72.14
4	特大桥、大桥	41.30
5	预制混凝土梁	26.15
6	现浇混凝土梁	31.59

八、设备费

结合本项目特点、各项调查资料、相关法律，设备费按照不同供应地点分别计算价格。本项目所有设备价格均不含增值税，其设备费计算原则如下。

（1）中国进口的设备，编制期价格采用国内厂家询价，并考虑国内运费、海运费及港杂费、其他税费、当地运费。

（2）当地供应设备采用当地市场价。

九、税金

（一）增值税

泰国对施工企业征收增值税，其普通增值税税率为 7%，增值税的计算公式为进口商品缴纳关税和消费税（部分商品需缴纳）后的总价值乘以 7%。本项目参见泰国政府增值税的一般规定缴纳增值税。

（1）任何年营业额超过 120 万泰铢的个人或单位，只要在泰国销售应税货物或提供应税劳务，都应在泰国缴纳增值税。

（2）进口商无论是否在泰国登记，都应缴纳增值税，由海关厅在货物进口时代征。

（3）免征增值税的情况包括：年营业额不足 120 万泰铢的小企业；销售或进口未加工的农产品、牲畜以及农用原料，如化肥、种子及化学品等；销售或进口报纸、杂志及教科书；审计、法律服务、健康服务及其他专业服务；文化及宗教服务；实行零税率的货物或应税劳务包括出口货物、泰国提供的但用于国外的劳务、国际运输航空器或船舶、援外项目项下政府机构或国企提供的货物或劳务、向联合国机构或外交机构提供的货物或劳务、保税库或出口加工区之间提供货物或劳务。

（4）退税的情况。当每个月的进项税大于销项税时，纳税人可以申请退税，在下个月可返还现金或抵税。对零税率货物来说，纳税人总是享受退税待遇。与招待费有关的进项税不得抵扣，但可在计算企业所得税时作为可扣除费用。

（二）海关关税

海关关税计税方法一般为按价计税，也有部分商品按照特定单位税率的方式征税。

一般情况下，进口商品的关税额计算公式为商品到岸价（CIF）乘以该项商品的进口税率，绝大部分商品的进口关税在 0%～80%。泰国主要进口商品的关税税率见表 5–9。

表 5–9　　泰国主要进口商品的关税税率

商品名称	HS 编码	一般关税税率
原油	2709	25%
集成电路	8542	35%
打字机等办公机器的零部件	8473	40%
摩托车零部件	8708	60%
光盘、磁带、记忆卡等未录制内容的固体媒体存储介质（胶卷除外）	8523	60%
成品油	2710	税号 27101211～20 税率为 2.91 铢/L，其余部分以 30%的税率按价计税
天然气和其他气体燃料	2711	采用特定单位税率 0.001 铢/kg
未加工的精铜和铜合金	7403	6%
自动数据处理设备	8471	40%
未加工的金、金粉	7108	35%

数据来源：泰国海关厅。

泰国给予东盟成员国和与其签订多双边贸易协定的国家地区给予不同程度的关税减让，具体商品的关税税率和减让情况均可以通过 HS 编码或商品名称在海关网站上查询。

十、临时工程费

本项目结合工程内容及现场调查数据，按照临时工程需求情况计算临时工程费用。

第六章　电力投资风险与应对策略

本章节的核心研究内容包括三方面：一是从投资吸引力、电力投资分析及投资管理方式等三方面入手分析泰国电力投资重点与方式；二是识别电力工程投资造价风险因素，构建风险因素清单；三是提出电力工程投资造价风险因素的应对策略。本章的章节结构如图 6-1 所示。

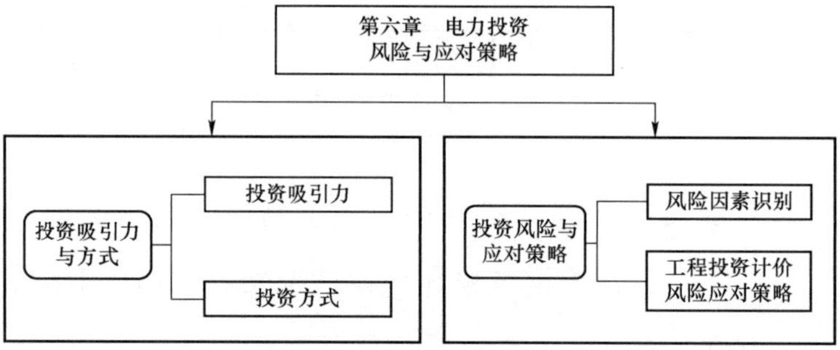

图 6-1　第六章结构

第一节　投资吸引力与方式

一、投资吸引力

从投资环境吸引力的角度，泰国的竞争优势有六方面：社会总体较稳定，对华友好；经济增长前景良好；市场潜力较大；地理位置优越，位处东南亚地理中心；工资成本低于发达国家；政策透明度较高，贸易自由化程度较高。

世界经济论坛《2019 年全球竞争力报告》显示，泰国在全球最具竞争力的 141 个国家和地区中，排第 40 位。世界银行发布的《2019 年全球营商环境报告》显示，在 190 个经济体中，泰国营商环境排名为第 27 位，综合得分 78.45。世界知识产权组织发布的 2019 年全球创新能力指数排名显示，泰国排名第 43 位，比 2018 年上升了一位。

二、投资方式

（一）股权投资

外籍人对泰国开展投资经营活动的方式可分为以下两类：一类是按照泰国法律在泰国注册为某种法人实体，具体形式有独资企业、合伙企业、私人有限公司和大众有限公司等；二类是成立合资公司，通常指一些自然人或法人根据协议为从事某项商业活动而组建的实体。根据泰国《民商法典》，合资公司不是法人实体，但是根据《税法典》，合资公司在缴纳企业所得税时被视为单一实体。

（二）上市

泰国法律规定，只有大众有限公司才有资格申请登记加入证券交易市场。根据 1992 年颁布的《大众有限公司法》（Public Limited Company Act）的有关规定，有限公司可以转为大众有限公司。泰国没有关于外资公司在泰国上市的特殊限制，在泰国注册成立的大众有限公司，符合泰国证券交易委员会（SEC）和股票交易所（SET）的有关规定，即可申请上市。

（三）收购

泰国没有关于跨国并购的专门法律法规，规范收购行为的法律法规包括《民商法典》《大众有限公司法》和 1992 年颁布的《证券交易法》（Securities and

Exchange Act）。收购行为通常有全资并购、股票收购和资产收购等三种方式。收购私人有限公司，须符合《民商法典》有关规定。而收购上市公司，必须符合《证券交易法》和泰国证券交易委员会的有关规定。

根据泰国法律，关于外资在泰国开展收购、并购的主要程序如下：

（1）掌握初步信息（前期了解企业股权结构和资产负债状况，评估拟并购股票或资产的价格及企业用工情况、各类许可证所有情况等）。

（2）发出求购意向书（内容要点包括说明拟并购股票或资产的价格，要求进行法律、财务、税务、生产等方面尽职调查等）。

（3）法律尽职调查（包括企业基本情况、雇员情况、资产负债状况、各类许可取得情况、环保状况、知识产权状况、争端诉讼情况等）。

（4）掌握股权或者资产并购的要点（如收购后股权及股东的安排、股票过户细节等，资产并购中关于外籍人拥有土地的限制性规定等）。

（5）签署股权或资产收购协议。在泰国开展外资并购的咨询机构包括泰国投资促进委员会（BOI）、泰国证券交易委员会（SEC）及各专业律师事务所和会计师事务所。

（四）安全审查

泰国没有专门针对外资并购安全审查及国有企业投资并购方面的法律规定，外来投资者只要不违反泰国《外籍人经商法》对于外籍人禁止或限制投资的有关规定，即可按《民商法典》《大众有限公司法》和《证券交易法》有关规定在泰国开展投资并购。

（五）反垄断调查

泰国关于反垄断和经营者集中方面的法律是《贸易竞争法》（Trade Competition Act，TCA）。该法于 1999 年正式颁布实施，取代了 1979 年制定的《价格制定和反垄断法》（Price Fixing and Anti－Monopoly Act）。该法共 7 章 57 条，主要就限制市场垄断、鼓励自由竞争等诸多方面作出了法律规定。根据该法，泰国设立贸易竞争委员会（TCC）负责制定构成市场垄断的标准及反垄断法实施细则、处理各项反垄断投诉并进行反垄断调查等。该委员会须经内阁批准，由商业部长担任主席，商业部常务次长担任副主席，财政部常务次长担任秘书长，成员不少于 8 位但不多于 12 位。根据该法规定，受法律限制的垄断行为主要包括以下几类：① 滥用市场支配地位；② 经营者集中；③ 建立私下协议或集体统一行动以限制市场自由竞争；④ 垄断商品进口渠道损害消费者直接进口权；⑤ 通过不公平竞争排除或限制竞争对手。

该法同时规定，TCC 有权要求市场份额超过 75%的企业停止增加或减少市场份额。根据实践，如果一个企业被判定为具有市场支配权应被进行反垄断调查，TCC 进一步明确规定，构成市场支配地位的企业判断标准为：

（1）占有市场份额 33%以上。

（2）年销售额超过 10 亿泰铢。这一标准可根据不同行业做出相应调整。2003 年，TCC 向内阁提交了新的建议方案：一是建议将“市场支配地位企业”由单一企业扩展至有内部关联的多家企业构成的共同体；二是针对不同行业制定出的判断市场支配地位的具体标准。

该法对于个别组织的垄断行为免于调查：① 公共管理部门；② 纳入财政预算的国有企业；③ 农民团体或者依法成立的合作社；④ 根据有关部门规章规定免于调查的其他企业。

该法规定对于垄断行为的惩治措施包括：刑事诉讼；行政处罚；损失补偿。

第二节　投资风险与应对策略

一、风险因素的识别

对泰国电力工程投资计价风险因素的识别，主要从政治、经济、商业和法律环境四个维度综合来看，泰国政治局面基本稳定，经济保持中速发展，营商环境和法律环境逐步趋于改善。在政治方面，泰国国家风险主要在于军政府政策变动和大选走向，这些改变是否会引发社会冲突，新国王能否发挥强有力的作用、协调好各方关系；在经济方面，主要风险在于政府能否控制好财政赤字和公共债务，能否有效刺激国内消费和公共投资，吸引外资投入等。

短期来看，泰国政治总体平稳，经济中速增长；但从长期来看，其政治发展仍具有明显的不确定性。

（一）法律政策风险

法律、政策变动是投资者在境外投资面临的首要风险，这种风险最大的特征是其不确定性的。政治风险是从事海外工程承包中最大风险，最直接表现就是工期拖延、项目成本增加、财务计划失控、合同履约困难。

1. 泰国政府的政权迭代存在不确定性

新政府的上台所出的各项政策与上届政府无法保持一致，更没有连贯性可言，因此对在泰国投资、施工的中国企业人员存在不确定性风险，企业人员在泰投资工作期间应树立风险防范意识。

2. 签证引发的风险

由于政府更迭导致签证政策的改变，中方人员在泰国施工办理工作签证非常困难。根据泰国法律规定，外国人在泰国工作需办理工作许可，而办理一个工作许可需要该公司的泰国人与外国人的比为 4:1，同时注册资金需增加 200 万泰铢。且工作许可证不能异地使用，因此外籍人特别是从事建筑业者在申请工作场所时要将总公司、分公司加以注明。分公司以总公司名义申请时，要在分公司所在地申请。对临时入境提供技术服务的外籍人，不超过 15 天可免办工作许可。其他人员受到雇佣当地人的数量和注册资金的限制，大都持有旅游签证，使用旅游签证在泰国可以停留 2 个月，通过续签可以延长至 3 个月，持旅游签在泰国施工因不合法而存在风险。

（二）经济环境风险

泰国经济保持中速增长，通货紧缩风险得到控制，就业比较稳定，经济账户保持顺差，外汇储备较为充足，公共债务压力不大，偿债能力较强，但财政收支失衡，商品出口和吸引外资均表现欠佳。近几年来，由于政局波动起伏，加之自然灾害和世界经济复苏乏力的影响，泰国经济发展缓慢，表现低迷。在中国“一带一路”倡议下，中泰两国经贸关系前景看好，未来泰国政府仍将致力于改善基础设施和刺激国民消费，经济出现突然倒退下行的风险不大，但经济发展动力不足的局面预计仍将持续。

1. 泰国经济波动风险

2014 年泰国 GDP 增速仅为 0.9%。2015 年得益于国内政治环境逐渐趋稳，公共投资相对回升，泰国经济有所复苏，当年经济实现中速增长，GDP 增速达到 3%。2016 年泰国政府推行“泰国 4.0 战略”新经济发展模式，明确“核心技术、数字人才、基础设施建设、企业创新”等发展方向，以刺激工业发展，同时，推出“泰国品质游”，国际旅游再创佳绩。自 2016 年以来，泰国经济保持中速增长，GDP 增速为 3.2%。

2014 年泰国实施价格冻结，导致商品价格暴跌，加上国际油气价格下行，泰国经济面临通缩压力。2015 年通缩率达到了 0.9%。2016 年，由于私人消费增长，多数商品和服务的价格开始回升，泰国通货紧缩风险得到控制，2016 年末通货膨胀率为 1.1%，全年平均通胀率为 0.2%。自 2016 年以来，随着私人消费的增加，通缩压力有所缓解。

近两年，尽管泰国经济发展缓慢，但对就业水平的影响并不明显，全国失业率较低，就业情况保持稳定。

2. 公共外债具有一定的波动性

泰国利用财政政策刺激经济增长、改善基础设施和吸引外商投资，使得泰国财政支出不断扩大，赤字持续增加。近年来，泰国财政收入有所提高，但财政赤字也在进一步扩大。为振兴经济，泰国政府进一步加大基础设施投入，财政赤字会面临进一步扩大的发展趋势。

2016 年，泰国公共外债为 275 亿美元，占公债的比重为 16.4%，占外债的比重为 21.1%，较 2015 年有一定程度的下降，总体还处于较低的水平。然而，据泰国政府公报网发布的财政部公共债务状况公告，2018 年 10 月至 2019 年 3 月期间泰国公共债务总额高达 69 087 亿泰铢，占泰国国民生产总值的 41.78%。其中，政府债务为 56 456 亿泰铢；国有企业债务为 9257 亿泰铢。对政府债务进行分类，外债为 837 亿泰铢、内债为 55 619 亿泰铢。

（三）社会环境风险

1. 治安风险

由于政局问题，自 2008 年中以来，泰国持续发生党派冲突，红衫军和黄衫军举行多次大规模游行示威，多集中在曼谷，尤其是总理府、老城区等政治敏感地区，2010 年 3 月以来的连续反政府示威活动导致曼谷部分地区交通瘫痪。虽总体而言，泰国局势的动荡尚未波及全国范围，但仍存在一定的治安风险。

2. 劳工法律风险

我国施工企业选择在泰国投资不可避免地会面临劳工问题，如果劳工问题处理不当可能会导致问题的“政治化”，并给企业造成重大损失。泰国近几年发生了好多起因外资企业无法满足工人提高工资、奖金及福利等待遇而引发的停工、罢工的事件。泰国吸引外资是因其廉价的劳动力成本，但近年来泰国劳动力结构发生变化，新增劳动力减少、人口老龄化，外资企业将要面临劳工紧缺的问题。有些企业为了解决劳工紧缺的问题会选择雇用非法外籍劳工。然而，企业必须加强重点关注，2017 年 6 月，泰国出台了有史以来最严厉的外籍劳工法，加大了对外劳工和聘用外劳工的雇主处罚力度。企业不能再抱有侥幸心理，一旦被查处，将会有更大的损失。同时，企业也必须注意到，因严厉的外籍劳工法出台，致使大量外籍劳工离境，企业将会面临更为严重的劳工荒局面。因此，必须提前做好防御措施，避免出现劳动力断层。

3. 属地管理风险

项目施工是一个劳动密集型工作，存在着阶段性，不连续性、区域性等特点，为了节约成本，提高效率，很多企业都提倡施工属地化管理，但在实施施工项目属地化过程中会存在因沟通障碍、工人技能差导致的工作效率低下；打短工现象突出，造成施工人员难以管理；对泰国法律法规不熟悉，处理突发事件经验不足，例如劳务纠纷、工资薪酬以及工伤、事故等。

（四）合同履约风险

海外工程项目中的合同对项目的执行影响最大。合同风险包括业主的资金风险和资信度，承包商的技术风险、资金和经营风险、质量风险、工程工期风险，以及当地法律风险，而这些风险所造成的最终结果就是项目的延期、扣款、索赔、法律诉讼甚至毁约。很多中方企业为了完成业绩拿到订单，在合同签订前并未仔细针对合同条款进行分析和研判，也未对所在国法律法规政策进行针对性详细的研究，导致在项目施工过程中，中方企业未按照合同执行，这样造成工程进度很被动。

业主合同签订与泰国法律相抵触风险。合同中约定执行中国标准，但泰国法律对消防、起重设备、桩基等却要求使用泰国标准，项目在实施过程中因为这些标准不同而无设计资质等问题将会造成进度推迟。

（五）经营管理风险

泰国《外商经营企业法》对外国人在泰国的行业范围及持股比例给予了一定的限制。但是，许多外资为了突破这些规定，找了泰国籍人作为表面上的持股人，但实际上还是外资在操纵。泰国政府已经出台相关政策，加大对外商非法持股操纵查处力度，以更好平衡竞争、保护消费者。由于代持股是不当的法律行为，因此，即使代持股人擅自转让股权，投资人也无法得到法律的保护，不仅如此，投资人还将会面临被查处的风险。

泰国政府在治理国家中的严重贪腐问题，也影响着海外投资者。2015 年 7 月 13 日泰国《反腐法》第三号修正案的出台，不仅加大了对贪腐问题的处罚力度，还把外国人贪腐问题纳入定罪的主体范围，这也加剧了海外投资者的风险。

（六）汇率波动风险

汇率波动会导致泰国工程项目存在汇率风险，可能因此获利也可能受到损失。泰国工程项目涉及的汇率风险主要有人民币、合同结算币、项目所在地的汇率变化所带来的风险，这些变化会导致泰国工程项目结算计价与预期的结算计价存在差异，对企业的经济效益带来不确定的影响。

二、工程投资计价风险应对策略

（一）政治风险防范策略

针对泰国政府更迭频繁、社会动荡等风险问题，我国企业在投资泰国市场时应制定相应的风险应对策略，如购买相应保险、加强沟通等。

1. 购买相应的保险

购买相应保险，即在项目建设期投标损失类保险，由中国出口信用保险公司等相关信用保险机构或者香港的出口信用保险局、加拿大出口发展公司（EDC）、美国进出口银行等其他境外保险公司承保，以规避由于出现政府轮换的政治风险。

2. 加强沟通

加强沟通的主要方式是加强与中国驻泰国大使馆的联系沟通，确保信息渠道的通畅，定期咨询和搜集有关政局形势等预警信息。加强与泰国政府有关部门及一些非政府组织的沟通，并选择有实力的中介机构尤其是在当地有影响力的华人组织机构，作为沟通的桥梁。

通过采取以上防范措施，一定程度上可以减轻风险影响。然而政治风险属于不可控因素，因此风险依然较大。

（二）经济与汇率风险防范策略

电力工程建设项目周期长的显著特点，针对泰国当地经济波动性较强、公共外债较多的风险，建议企业在投资时提前做好相应的风险防范策略，具体建议如下。

（1）做好融资币种结构设计，规避泰铢汇率剧烈变化风险。

（2）在政策允许范围内，适时利用外汇远期合约交易，对冲外汇敞口风险。

（3）推动泰国政府和项目的合作方接受人民币计价和结算，规避汇率波动的风险。

（4）对泰国设备材料来源、概算基础价格、物价进行详细调研，了解当地工资、税费、汇率、清关等费用标准，在概算编制中给予充分考虑，设置合理的预备费，保证项目总投资控制在设计概算之内。

（5）加强泰国税法体系的学习和研究，全面分析项目税负情况，聘请专业税务咨询机构对项目的投融资架构进行事先安排和设计，制定出科学、全面的税收筹划方案。配备专业税务人员，专职处理公司日常涉税业务，加强与税务机关的协调和沟通，必要时聘请专业税务咨询机构协助项目公司做好税务工作，规避税务征管及稽查风险。

（三）社会风险防范策略

1. 妥善处理与工会的关系

投资泰国的中国企业要实现合理控制工薪成本，减少劳资摩擦，维护企业的正常经营，就必须学会妥善处理与工会的关系。具体应做到如下几点。

（1）知法。要全面了解泰国的《劳工法》，熟悉当地工会组织的发展状况、制度规章和运行模式。根据泰国《劳动关系法》的规定，雇佣 50 人以上的企业，则须成立本企业职工委员会；10 人以上员工即可向有关部门申请成立本企业工会。

（2）守法。要严格遵守泰国关于在雇佣、解聘、社会保障方面的规定，依法签订雇佣合同，对员工进行必要的技能培训，按时足额发放员工工资，缴纳各种保险及保障基金。解除雇佣合同应按规定提前通知员工，并支付解雇补偿金。

（3）知情。要认真了解本企业工会及企业所在地工会的组织发展情况，掌握工会活动的特点，做到知己知彼。

（4）谈判。遇有员工提出的合理要求，企业应正确对待并尽力满足。若员工或工会提出不合理要求，企业应耐心解释；如发生工会罢工事件，企业要冷静处理，在与工会充分沟通的基础上妥善解决，避免矛盾激化；必要时可寻求法律途径。

（5）沟通。要积极同周边企业或同行业企业进行沟通和交流，了解业内工资待遇水平和处理工会问题的常规办法。日常生产经营中要与工会组织保持必要的沟通，了解员工的思想动态并视情进行必要的疏导，发现问题及时解决。

（6）和谐。要建立和谐的企业文化，增强员工主人翁意识，激发并保护员工的积极性，凝聚员工的智慧和创造力。

2. 处理好与当地居民的关系

尊重当地的文化习俗和文化禁忌、处理好与泰国当地居民的关系有助于中国企业在泰国顺利开展经商活动。针对项目施工工作存在着劳动密集型、阶段性、不连续性、区域性等特点，为了节约成本，提高效率，鼓励企业提倡施工属地化管理，聘用当地人员参与企业管理，既可增加当地就业，又促进中国企业的发展，同时借助他们向当地居民传递中国文化。

3. 尊重并融入泰国文化

积极融入当地社会、尊重当地风俗文化、重视当地社区的发展，是避免引发冲突的必要手段。首先，积极参与当地公益事业，通过参与项目所在地的公益事业，促进当地社会基础设施、教育、医疗等公共事业的发展，使社区和居民都能从中国与泰国的新能源电力投资以及合作项目中切实受益。其次，必须在项目实施前加强与当地社区和居民的沟通协调，做好赔偿和安置工作。此外，企业还要加强与当地主流媒体和新兴媒体的沟通和联系，做好公共公关工作，及时向他们通报本企业在履行社会责任上所做的努力和获得的成绩，利用泰国发达的多媒体广告、报纸等多做宣传。通过实践和宣传，提高项目的透明度，增加泰国居民的认可度以及树立中国能源企业负责任的企业形象。

（四）经营与合同履约风险防范策略

为了预防和应对企业在泰国项目投资的经营与合同风险，首先，企业可以通过校企合作，提高能源专业生源的理论学习和实践操作能力；其次，组织员工参加技术交流、政策法规培训和实地考察，提高从业人员的专业技能；然后，采取多种形式、分期分批对现有科技人员和外向型管理人员进行有针对性的培养，重点培养一批精通外语、懂技术、会管理、熟悉国际合作、有丰富实践经验、掌握能源电力专业技术和经营管理的高端专业化人才。

1. 创新投资模式加快企业转型

中国企业在泰国投资应根据市场情况合理选择适于双方建设管理的经营承包模式，创新投资模式，加快企业转型。充分利用好 PPP 投资模式，通过引入私人部门进入设计、融资、建设、运营、维护等各个阶段，充分整合市场资源，使公共产品的供给更有效率、更加丰富，通过与政府合作转变投资模式，加快企业转型。

2. 合同签订前严格审查

在合同签订前针对合同条款进行仔细的分析研究，就合同细节做好签订前的谈判确认；对泰国法律法规政策进行针对性详细的研究，避免违反当地法律规定的建设行为发生；合同中应约定好不违反两国法律的违反和争议处理问题。在合同履行过程中，保障工程进度和质量安全，严格按照合同约定执行，掌握主动权，避免业主方拒绝付款的情况发生。

（五）市场竞争风险

1. 加强同业竞争者之间的良性竞争

加强与在泰国投资的外国企业的交流与合作，尽量避免恶性的竞争，以免带来不必要的行业风险，同时加强与中国相关投资企业的沟通与合作，互相帮助，共同解决出现的问题以及面临的风险，形成良好的竞争环境，促进共同进步。

2. 帮助投资泰国电网建设

对泰国的电网升级改造来说，重要的是在电网规划、运行和市场设计中引入新的概念、方法和工具，以提高电网的运行性能。具体来说，一是建立坚强电网，通过加强数据集成和控制系统的控制能力，以此提升泰国电网输电系统的稳定性，从而在技术和经济两方面都做到高效运行，可考虑安装智能电网自动化系统和数据管理系统，为未来东盟国家电网联网做准备。二是加强集成信息通信技术开发，就是常说的“互操作性”，智能电网的信息和通信系统集成必须要有统一的标准，保证网络安全，提升电网的运行水平。三是开发智能电网实现需求响应。基础设施中通信系统，尤其是连接了电网数据信息的系统能够支持需求预测和需求响应，以此优化泰国整个国家的能源管理。四是开发出软硬管道统一承载生产业务和综合数据业务的电网设施来实现新老网络的无缝连接。

3. 加快形成本土化经营战略

本土化战略将使得我国公司更加熟悉泰国当地市场情况，适应市场的变化，增强其对工程项目的管控能力，从而降低成本、提高企业竞争力。本土化战略最为核心和重要的部分是人才本土化，人才本土化不仅是一般基层员工和技术人员的本土化，更是中高级管理人员的本土化。针对泰国电力工程市场，中国企业应充分发挥其自身优势，充分利用国家提供的优惠融资条件，积极推动带有融资条件的 EPC 工程或投资类项目，如 BOT、BOOT 和 BOO 等，此类项目较少面临泰国当地承包商的竞争。

参 考 文 献

[1] 泰国国家经济和社会发展委员会（NESDB）网站，http://www.nesdb.go.th/nesdb_en/ewt_dl_link.php?nid=3778.

[2] 泰国统计办公室公开发布的《泰国统计年鉴 2019》.

[3] 中国商务部发布的《对外投资合作国别（地区）指南—泰国》(2019 年版).

[4] 常翔，张锡镇. 新宪法出台与泰国政治走向分析 [J]. 东南亚研究，2017（03）：1－13＋152.

[5] 周越. 中国对泰国新能源电力行业的投资机会分析 [D]. 云南财经大学，2018.

[6] 叶泽. 泰国电价制度及其对我国的启示 [J]. 价格理论与实践，2013（10）：24－25.

[7] 张俊勇. 当前泰国的能源问题 [J]. 南洋问题研究，2009（01）：12－18.

[8] 邹春萌，孙建华. 泰国新能源发展：动因、成效与前景 [J]. 东南亚纵横，2019（05）：66－72.

[9] 叶荣泗，林鹏刚. 泰国的电力改革及启示 [J]. 中国电力企业管理，2001（03）：44－45.

[10] 顾岩. 浅析泰国承包工程市场 [J]. 国际工程与劳务，2013（10）：30－32.

[11] 张晓华. 开拓泰国承包工程市场须知 [J]. 国际工程与劳务，2013（07）：27－29.

[12] 中国建筑第八工程局有限公司. 中国工程建设标准与东南亚地区工程标准体系互适性分析 [J]. 中国勘察设计，2019，000（002）：28－33.

[13] 仇高贺，王俊，余金钧. 泰国技术标准体系及认证制度概括 [J]. 标准科学，2012（03）：85－87.

[14] 韦艳菊，冯怀宇. 泰国标准化法律制度 [J]. 标准科学，2017（11）：145－150.

[15] 徐新. 泰国建设工程单价分析实例解读 [J]. 项目管理技术，2019，17（03）：138－144.

[16] 孙建华. 泰国新能源发展与中泰新能源合作研究 [D]. 云南大学，2019.

[17] 金志新. 泰国引进外资规模及效果研究 [D]. 对外经济贸易大学，2019.